KB069740

모든 소년이 파랗지는 않다

ALL BOYS AREN'T BLUE
모든 소년이 파랗지는 않다

조지 M. 존슨 지음 · 송예슬 옮김

NY
DN

차례

작가의 말

이 책을 쓰면서 최대한 진실하고 솔직하고 싶었다. 좋고 나빴던 일들, 터놓기 늘 두려웠던 일들까지 전부 담아내고 싶었다. 그러려면 '너무 무겁다'는 이유로 10대 아이들에게 많이 금지되는 장소에 가고 그런 주제를 건드려야 했다.

사실 나는 어린아이였을 때도, 10대였을 때도, 갓 성인이 됐을 때도 이런 것들을 겪었다. 그러니 아무리 심각한 주제더라도 반드시 이야기되어야 한다. 각자 삶에서 그런 경험을 감당하게 될 10대들에게 읽혀야만 한다.

이 책은 (추행을 포함한) 성폭력, 첫 경험, 호모포비아, 인종차별, 반흑(反黑, anti-Blackness) 정서에 관해 이야기할 것이다. 어떤 건 꽤 적나라할 테지만 그건 이 책을 읽는 사람들이 앞으로 겪게 될 또는 이미 겪었을 일들이다. 이 책에 그들의 모습과 목소리가 담기기를 바란다.

책 곳곳에 *니거^nigger* 또는 *니가^nigga*라는 단어가 등장한다.

철자를 온전히 다 썼거나 가끔은 생략해 n****라고 실었다. 패그 *fag*와 패것*faggot*(게이 남성을 일컫는 멸칭 – 옮긴이), 마찬가지로 이 단어들의 약어도 쓰였다. 특별히 감정적이고 지적인 효과를 주고 싶을 때 이런 비속어를 집어넣었다. 이 책에 관해 이야기할 때 비슷한 배려를 해줬으면 좋겠다. 흑인, 아프리카계 미국인 또는 퀴어로 정체화하지 않았는데 이런 비속어를 여과 없이 써서 남을 상처 주는 일이 없었으면 한다. 차라리 n 워드나 f 워드처럼 통용되는 약어를 사용해주길.

돌보고 사랑하는 마음으로 이 책을 썼다. 무엇보다 이제껏 책의 지면에 포착되지 않은 일들을 겪고 있는 소외된 커뮤니티 사람들에게 목소리를 부여하고 싶었다.

읽다 보면 웃음이 나고 때로 눈물짓게 될 것이다. 다르다는 이유로 대화해본 적도 없는 사람들을 비로소 이해하게 될 것이다. 우리는 당신들 생각만큼 별종이 아니다. 우리 이야기는 중요하며, 널리 알려지고 말해질 자격이 있다.

사랑을 담아,
조지 M. 존슨

아기 조지와 증조할머니 룰라 메이

들어가며

블랙. 퀴어. 그리고 여기.

내가 태어난 날의 이야기는 나의 미래를 예견했다.

이모는 엄마 자궁 바깥으로 구불구불 아름다운 검은 곱슬머리가 빼꼼 나온 것을 보고 가족이 기다리던 병원 복도로 얼른 달려갔다.

"여자애래! 여자애!" 이모의 말에 할머니는 기뻐했고 아빠는 살짝 아쉬워했다. 분만실로 돌아온 이모는 세상에 다 나온 나를 보고 섣불렀던 판단을 얼른 정정해야 했다.

이모는 가족이 있는 곳으로 다시 달려갔다. "음, 그게 아니고, 남자애네."

'여자애래! 아니, 남자애네' 식의 혼동은 글로 읽을 때나 재미있지 현실에서는 그리 유쾌하지 않다. 이야기 주인공이 정체성으로 고민 중이라면 더더욱. 출생과 동시에 아이에게는 젠더라는 아주 커다란 기대치가 부여된다. 아이가 어떻게 자랄지는 가족조차 알 수 없지만 말이다. 우리 사회에서 한 사람의 성별은 생식기 모양으로 결정된다. 그리고 그 판단을 기준으로 아이 스스로 결정해야 할 정체성 스펙트럼이 아닌 남자 또는 여자로서의 젠더가 정해진다.

심지어 요즘은 출생 전부터 아이에게 젠더를 부여한다. 초음파 검사로 태아 생식기를 감별할 수만 있으면 가능한 한 일찍 젠더를 결정할 수 있는 사회적 조건이 마련됐다. 성별 공개 파티는 아이가 세상에 나오기도 전에 이상적인 남성상 또는 여성상에 맞춰 살아가도록 운명을 지우고 축하하는 하나의 유행이 됐다. LGBTQIAP+가 가시화될수록 어쩐지 이성애 커뮤니티는 더 가열차게 새 규범을 만들어내려는 것 같다. 소수가 되는 게 겁나는 다수는 권력을 지키기 위해 무엇이든 하려 한다.

페니스/질/기타 생식기를 가진 아이를 가지셨군요, 라는 말을 듣는 세상이 궁금하다. '기타' 생식기가 무엇인지 모르겠다면 간성intersex을 떠올려주길. 아이가 무엇에 자연스럽게 끌리는지 눈여겨보고 그 호기심을 채워주는 것이 양육이라고 가르치는 세상이라면? 사회가 강요하는 두 갈림길 중 하나로만 아이를 내모는 것이 아니라, 부모가 아이 스스로 젠더를 탐색해갈 수 있도록 돕는다면?

젠더가 지정되면 여러 책임이 함께 지워진다. 우리는 체크상자를 하나하나 표시해가며 그에 맞춰 성장하고 살아간다. 여성. 남성. 흑인. 백인. 스트레이트. 게이. 상자에 딱 맞아떨어지지 않는 아이들은 뒤에 남겨져 진실을 되묻게 된다.

나는 여자인가?

나는 남자인가?

둘 다인가?

둘 다 아닌 건가?

　어린 시절 이런 질문을 놓고 치열하게 분투했다. 그 분투는 인생 곳곳에 여러 방식으로 등장했다. 어른이 된 지금은 섹슈얼리티와 젠더에 관해, 또 사회가 어떻게 규범에 순응하라고 강요하는지 훨씬 더 잘 이해하고 있다. 남자아이 또는 여자아이는 반드시 이래야 한다거나 남자 또는 여자는 마땅히 이렇게 행동해야 한다는 미적 기준에 들어맞지 않는 사람들에게는 정상성이 허락되지 않는다는 것도 안다.

　안타깝게도, 우리는 태어날 때 상정된 정체성 너머로 담론을 밀고 가기 위해 여전히 투쟁하고 있다. LGBTQIAP+ 사람들은 스스로 정체화할 권리와 두 개의 젠더가 지배하는 사회에 받아들여질 권리를 위해서만 싸우는 것이 아니다. 그건 포용의 하한선에 불과하다. 우리는 물리적 폭력으로부터 살아남기 위해서도 싸운다. 우리 중에는 그마저 이겨내지 못하는 사람이 허다하다. 트라우마의 스펙트럼은 우리의 정체성만큼이나 넓다.

　처음 이 책을 쓰기 시작했을 때는 미국에서 흑인 게이 아이로 살며 경험한 불편 또는 혼란의 해법을 각 장 마지막에 실을 작정이었다. 그런데 이 책의 의미가 그보다 훨씬 크다는 것을 깨달았다. 이 책은 중첩되는 정체성들과 그것들의 교차가 어떻게 나의 특권과 억압을 형성하는지에 관한 것이어야 했다.

많은 사람이 과거 트라우마를 안고 살아가며, 그 트라우마는 성인이 되어 발현된다. 우리는 저마다 게이, 스트레이트, 또는 정체화되지 않는 다양한 정체성을 수용하거나 그것과 씨름하는 과정을 겪는다. 그 과정에는 인종을 비롯한 여러 많은 요소가 작용한다. 우리 중 많은 사람은 매 순간 언제나 뭔가를 헤쳐나가는 상태, 좀 더 각성한 자신이 '되어가는' 상태에 놓인다.

이 책은 흑인이자 퀴어인 나의 두 가지 정체성을 탐구하고, 그 정체성들이 내면과 사회에서 교차하고 있다는 걸 어떻게 깨쳤는가를 그린다. 둘 중 무엇도 단 하나의 정체성 상자에만 가둘 수 없다. 탐색해야 하는 공간과 환경이 어떻건 나는 두 가지 정체성을 온전히 간직한 채 들어간다. 백인 커뮤니티에서 나는 흑인 남성으로 인식되지만, 그렇다고 차별에서 자유롭지 못한 퀴어 정체성이 사라지는 것은 아니다. 내가 대부분 동일시하는 흑인 커뮤니티에서 흑인 남성으로서 나의 정체성은 즉각적으로 문제시되지 않는다. 그러나 흑인다움과 흑인 남성의 전반적 이미지를 축소하는, 퀴어와 흑인 남성 정체성의 교차는 문제가 된다.

회고록인 만큼 이 책에는 나의 사적인 기억이 실렸다. 그 기억은 유년기와 10대 시절, 그리고 갓 성인이 되었을 때의 경험으로 채워졌다. 흑인이자(이거나) 퀴어인 사람들이 보편적으로 경험하는 것들을 대표하기도 한다. 나의 투쟁은 흑인 남자이자 퀴어이며 그 두 정체성의 교차 지점에 존재하는 사람들의 경험이다. 내 매니페스토는 여기서 시작된다. 주류 사회는 순전히 다름을 억압하려고 '정상' 개념을 세운다. '정상' 바깥에 놓인 사람은 억압받을 수밖에 없다. 나는 이 책의 장마다 내가 자라며 경험한 것들을 이야기하고, 그 기억들이 커다란 맥락에서 흑인 퀴어로 살아갈 때 어떤 의미인지 짚을 것이다.

나는 니가 소리를 들으며 컸다. 우리 집에서는 애정을 담아 부르는 말이었다. 많은 흑인 가족이 애정 어린 호칭으로 그 단어를 썼다. 중학생 시절에는 친구들과 스스럼없이 그 단어를 사용했다. 욕을 지껄이고 n 워드를 사용하는 것은 열세 살짜리 애가 지극히 할 법한 일이었다. 다들 그랬다. 우리는 그런 식으로 인사했고 서로를 놀렸다. 어조와 억양에 따라 쓰임새는 달라졌다. 그러나 절대 끝 발음을 '어er'로 맺지는 않았다. 우리는 딱딱하게 '어'로 발음해버리면 의미가 달라진다는 것을 잘 알았다.

고등학생이 되고 나서는 그 단어를 쓰지 않았다. 백인 아이들에게 둘러싸여 지내야 했는데, 그 애들이 내게 또는 내 주변에서 그 말을 아무렇지 않게 사용하는 게 싫어서였다. 나는 백인 아이가 그 단어를 내뱉으려고 하면 바로 저지했다. 백인 아이들은 꼭 그런 것으로 흑인 아이들을 시험하려 든다. 어떻게든 녹아들려고 안간힘을 쓰는 흑인 아이들은 백인 아이들이 자신들의 문화 일부를 훔쳐 써도 그러려니 했다. 그래야 백인 사회에 받아들여진 척을 할 수 있었으니까.

내가 다닌 대학은 중학교처럼 흑인이 다수인 곳이었다. 나는 새로 사귄 친구들과 함께 n 워드를 다시 사용했다. 어엿한 성인이 되었으니 그런 말을 사용해도 되며 누구도 나에게 뭐라 할수 없다는 걸 스스로 인지했다는 점만 빼면, 중학생 때와 달라진건 없었다. 그런데 교수들은 우리가 그 말을 쓰는 걸 무척이나싫어했다. 이미 그 말에 너무 많은 혐오가 묻어버려 우리가 어떻게 변형하건 그 단어를 오롯이 되찾을 수 없다는 거였다.

n 워드는 우리 조상이 두들겨맞고 사슬에 묶여 신대륙에서강제로 노예가 된 시절에 마지막으로 들은 말이었다. 백인들이보는 앞에서 린치당하던 순간에 마지막으로 들은 말이기도 했다. 위대한 가수 니나 시몬Nina Simone의 노래에 나오듯, "포플러나무에 매달린 이상한 과일들"처럼 구경거리가 되던 시절이었다. 짐 크로법 시대에 합법적 인종 분리를 몸소 당하며 자란 교수들은 n 워드에서 어떤 자긍심도 느낄 수 없었다.

내가 대학에 다니고 졸업한 직후 즈음 전미유색인종지위향상협회NAACP와 국민행동네트워크National Action Network는 흑인커뮤니티가 'n 워드를 땅에 묻을' 때가 됐다고 판단했다. 우리가쓰지 않으면 단어가 저절로 힘을 잃으리라 생각해서였다.

미국 역사에서 가장 아픈 부분과 단단히 얽힌 n 워드를 없애려는 이 운동을 두고, 찬반 논의가 시작됐다. 나는 점차 그 단어를 땅에 묻자는 쪽으로 기울었다. 당시 나는 '존중받을 만한흑인a respectable negro'이 되겠다며 좋은 성적을 받고 대학 학위를따는 것에 열심이었다. 백인 사회에 융화되려는 시도였다. 나는나 또한 그 사회에서 동등한 대우를 받을 자격이 있다고 생각했다. 그때의 내게는 n 워드를 사용하지 않는 게 중요한 문제였다.

그 단어가 우리 입지를 좁힌다고 믿었으니까.

우리가 그 단어를 내뱉으면 백인들이 당황하고 몇몇 흑인들도 당황하니 그 단어를 사용하는 것은 나쁜 짓이라고 생각했다. 여전히 논란이 되고 있다면 계속 사용할 이유가 없다고 믿었다. 피하고 싶은 문제를 대할 때마다 그랬듯, 결국 나는 그 단어를 땅에 묻었다.

내가 묻은 것은 n 워드만이 아니었다. n 워드를 묻으면서 나의 퀴어함까지 땅에 파묻었다. 나의 흑인다움을 존중하지 못하는데 퀴어함을 존중할 수 있을 리 없었다. 그러나 이제는 퀴어함이 흑인다움의 일부임을, 퀴어로 살아가는 사람들이 없으면 흑인다움도 없음을 안다.

2012년 트레이본 마틴Trayvon Martin이 조지 짐머만George Zimmerman에게 살해됐다. 그 일로 이 사회에서 흑인으로 살아가는 것에 관한 생각이 송두리째 달라졌다. 새 시대의 시민권 운동은 나처럼 생긴 사람들이 이끌고 있었다. 나를 위해, 다른 흑인 아이들을 위해 싸우는 사람들이었다. 이때부터 나의 탈학습 과정이 시작됐다.

흑인들이 경찰 총에 맞는 것을 보고 눈이 뜨였다. 타미르 라이스Tamir Rice 같은 흑인 아이들이 경찰 총에 목숨을 잃는 것을 본 순간. 부자 흑인이건 가난한 흑인이건, 아이건 어른이건 중요치 않다는 것을 깨달은 순간. 사회에서 나는 여전히 한 명의 n****에 불과했다. 그리고 흑인다움을 사랑한다는 것은 나의 사람들을 위해 싸울 권리와 그 단어를 되찾을 권리가 모두 내게 있음을 의미했다.

나는 다시 n 워드를 사용하게 됐다. 지금은 나의 흑인다움은 내가 정의하는 것이며 n 워드를 사용할지 말지도 나의 선택이라는 것을 이해한다. 끊임없이 나의 존재를 부정하려 드는 사람들 마음에 들기 위해서가 아니다. 사회에 '존중받을 만한 흑인'은 없다는 것, 애초에 내가 그렇게 된 적이 없다는 것을 이제 나는 안다.

블랙.

두 번째 정체성인 퀴어는 죽는 날까지 끝나지 않을 여정일 것이다. 진심으로 그렇게 믿는다. 나는 날마다 나에 대해 배운다. 퀴어함이 익숙한 모습으로, 어떤 때는 낯선 모습으로 드러날 때마다 나는 자세를 고쳐 앉아 그걸 되돌아본다.

어렸을 때부터 늘 내가 다르다는 걸 알았다. 그때는 그게 어떤 의미인지 몰랐지만, 지금은 남들과 달라도 괜찮다는 것을 안다. 다르다는 건 내가 아니라 나의 문화적 환경에 문제가 있어 내가 나의 것이 아닌 삶을 억지로 살아내야 한다는 뜻이었다. 내가 있는 그대로의 진실을 아는 것보다 백인들이 죄책감을 면할 수 있게 역사를 바꾸는 것이 더 중요했기에, 흑인 영웅담이나 역사책에서 나의 온전한 모습을 발견할 기회는 없었다.

내가 다르단 것을 눈치챈 아이들은 사회로부터 다름이 위험하다는 가르침을 받기 전까지는 그걸 문제 삼지 않았다. 어린 시절 내내 나의 다름은 사내답지 못하고 되바라졌다는 이유로 끊임없이 공격당했다. 나를 괴롭히던 아이들조차 다르다는 것이 왜 놀림거리가 되는지 몰랐다. 사실 내게 수치심을 안긴 사람들은 그 아이들이라기보다 다른 사람을 놀려도 된다고 가르친 어른들이었다. 아이는 못되게 태어나지 않는다. 하지만 부모가 아이를 못되게 만들 수는 있다.

중학교와 고등학교에 다니는 동안 내가 할 수 있는 선택은 억압뿐이었다. 나는 소수 중에서도 소수가 되어 흑인다움과 퀴어함의 교차 지점에서 난생처음 겪는 이중 억압을 감당해야 했다. 백인의 공간에서 흑인다움을 위해 싸우는 것쯤이야 자연스러운 일이었기에 기회가 올 때마다 싸웠다. 하지만 퀴어함을 위해 싸운다는 것은 가능하지도, 안전해 보이지도 않았다.

그렇게 고등학교 시절 내내 고립되어 살았다. 텔레비전 속 작은 배역들을 통해서만 퀴어의 모습을 살짝 엿볼 수 있었다. 어쩌다 한 번씩 나처럼 생긴 사람들이 퀴어 배역을 맡기도 했지만 나도 그런 사람이 될 수 있겠다는 자신감을 얻기에는 역부족이었다. 다행히 대학에 가서는 문학과 미술 그리고 동기들 덕분에 진짜 나의 모습에 눈을 떴다. 처음부터는 아니었지만, 제때 일어난 일이었다. 평생 달아나려 했던 것들이 사실은 단 한 번도 내 곁을 떠난 적이 없다는 걸 비로소 깨달았다. 그전까지 나는 원치 않는 무엇, 원치 않는 사람으로 나를 바꿀 허상을 뒤쫓고 있었다.

대학 때 큰맘을 먹고 퀴어와 아주 거리가 먼, 원래였다면 나를 벽장 속에 더 깊이 파묻어버렸을 일을 결심했다. 프래터니티 fraternity(남학생 사교클럽 – 옮긴이)에 들어간 것이다. 흑인 프래터니티는 내가 지키고 싶었던 남성적 이미지를 오래전부터 간직하고 있었다. 그런데 프래터니티를 찾는 과정에서 나는 나 자신을 발견했고 나와 같은 것을 좇던 형제들을 발견했다. 이 만남은 우리가 원한다고 생각했던 우주가 아닌, 우리에게 정말로 필요한 우주를 가져다주었다.

그 우주는 우리에게 공동의 퀴어 경험에서 비롯된 조건 없는 사랑과 형제애를 주었고, 내게는 퀴어함 바깥에서 나를 인간으로 보아준 형제들을 선물했다. 흑인다움과 퀴어함을, 남자다움과 남성성을 또는 그것들의 부재를 스스로 정의 내릴 자신감을 심어줬다. 나는 태어나서 처음으로 온전한 내가 되어 살 수 있었다. 어떤 수치심도 없이 흑인인 동시에 퀴어로 존재하고 사랑받게 됐다.

퀴어.

내 인생의 이야기들을 불멸로 만들고 싶다. 이 기쁨과 고통의 서사, 승리와 비극의 서사를, 역사책에서 지워진 흑인 퀴어 경험의 서사를 불멸로. 이곳에 영원히 있어 온 존재로.

이전까지는 불멸에 대해 생각해본 적이 없었다. 아마 나의 죽음은 흑인 퀴어로 생존하지 못할 나의 무능력과 관련 있겠거니 상상할 따름이었다. 나와 같은 수많은 이의 죽음을 기억한다. 에이즈AIDS로, 가정폭력으로, 자살로, 억압을 이겨내지 못하고 사라져간, 나를 닮은 사람들을 나는 지켜본다. 오늘의 뉴스가 되고 어제의 헤드라인이 된 그들을.

책을 쓰며 불안하던 때가 있었다. 이게 진짜 내 이야기인지 확신이 서지 않아서였다. 그러나 책을 쓰면서 내가 말하려는 것이 비단 나만의 이야기가 아님을 깨달았다. 나는 단 한 번도 자기 이야기를 꺼낼 기회가 없었던 수많은 퀴어의 이야기를 대신 말하고 있었다. 결국 이 책은 모든 것을 명료하게 대답해주는 책과는 점점 거리가 멀어졌다. 내가 그걸 다 경험하지 못했으니까. 이 책은 안내서라기보다 사람들이 각자의 진실을 발견하고 그 안에서 살아갈 힘을 찾아낼 관문 역할을 할 것이다.

비올라 데이비스Viola Davis의 첫 오스카 수상 소감을 자주 떠올린다. 묘지로 가서 죽은 자들을 꺼내 꿈을 이루지 못한 자들의 이야기를 듣고, 말하고 싶다는 대목이다. 그는 그런 이야기가 하고 싶다고 했다. 옳은 말이지만 내 생각은 다르다. 묘지까지 가지 않아도 우리를 발견할 수 있음을 이 책이 증명하니까.

우리는 아직 이곳에 있다. 우리의 이야기가 말해지기를, 우리가 그것을 말할 수 있기를 기다리며 계속 살아 있다. 우리는 언제나 이곳에 있었으나 지워진 존재들이다. 단 한 번도 모습을 드러낼 수 없었던, 경청해야 하는 자들에게 목소리가 닿지 못했던, 아들이자 형제, 딸이자 자매, 그 밖의 모든 존재들.

토니 모리슨Toni Morrison의 시에 내가 가장 아끼는 구절이 나온다. "읽고 싶은 책이 있는데 아직 쓰이지 않았다면 당신이 그 책을 써야 한다."

이것은 조지 매슈 존슨의 이야기다. 그리고 우리 모두의 이야기다.

왼쪽부터 리틀 럴, 개릿, 내니(가운데), 조지, 라술

1장
미소

다섯 살 때 처음으로 이가 빠졌다. 첫 트라우마였다.

그 일로 넘어가기 전에 먼저 소개부터 하겠다. 내 이름은 매슈 존슨이다. 정식 이름은 조지 매슈 존슨이지만 다섯 살 때는 그걸 몰랐다. 나중에 가면 그게 문제가 되고 만다.

내가 태어난 곳은 뉴저지의 작은 도시 플레인필드다. 조명이 번쩍이는 맨해튼에서 30마일 떨어진 곳이다. 플레인필드 한쪽 끝에서 다른 쪽 끝까지 차를 몰고 가면 10분도 채 걸리지 않는다. 얽히고설킨 이야기로 가득 찬 작은 도시. 몇 평방마일 땅에 승리와 비극과 트라우마가 모두 존재하는, 한때 지독히도 싫어했으나 지금은 진정한 고향으로 사랑하게 된 곳. 나의 유일한 고향.

우리 가족은 50년 넘게 그 도시의 일부로 존재해왔다. 부모님은 30년 가까이 시 업무를 보며 아직도 그곳에 살고 있다. 남동생과 나는 중산층으로 컸다. 적어도 흑인 사람들이 생각하는 중산층 정도는 됐다. 크리스마스가 되면 트리 아래 선물이 가득했고 남동생과 나는 자라면서 뭐 하나 부족함을 느낀 적이 없다. 최소한으로 살아가는 게 어떤 건지 알기에 자기 자식들은 그런 어려움을 겪지 않게 하려는 부모에게서 자란 것은 축복이었다. 블록 너머에 사는 백인 이웃들처럼 대대손손 부를 물려받는 법이 없는 흑인들 사이에서, 우리 가족은 흔치 않은 경우였다.

우리에게는 가족이 최우선순위였다. 나는 남동생 개릿과 한집에서 컸다. 아빠가 첫 번째 결혼에서 낳은 형 그레고리 주니어와 누나 토냐는 독립한 후였다. 플레인필드에는 사촌들과 이모, 고모, 삼촌도 살았다. 명절만 되면 대가족이 모여 북적였다. 영화 〈쏘울 푸드Soul Food〉는 싸움 부분만 빼면 나의 성장 환경과 아주 비슷하다고 할 수 있다. 뭐, 그렇다고 싸움이 아예 없던 건 아니지만.

엄마 아빠의 근무 시간은 '9~5시, 5~9시'의 연속이었다. 아빠는 경찰관이어서 교대 근무를 아주 오래 했다. 엄마는 경찰서 사무장으로 일하면서 시내에 미용실도 하나 운영했다. 낮에 일이 끝나면 저녁에는 미용실로 출근했다.

몇몇 사촌은 저지시티Jersey City 주택 단지에 살았는데 외할머니 내니가 보기에 그곳은 아이들이 자라기에 바람직한 환경이 아니었다. 부모가 꼭 기름과 물 같더라는 것이다. 이모네가 내니 집에 왔을 때가 기억난다. 신시아 이모와 '엉클'이 빨래 문제로 말다툼을 했다. 나중에 알고 보니 진짜 이유는 마약이었다.

분위기가 험악해지더니 이내 둘이 위층 복도에서 본격적인 주먹다짐을 벌였다. 나는 그 후로 신시아 이모를 한참이나 보지 못했다. 내니는 자기 손주들이 그런 꼴을 보며 크게 둘 수 없었다. "막 사는 건 너희 마음이지만 내 손주들은 그럴 수 없다"는 거였다. 그 길로 내니는 저지시티에서 손주들을 데려다 플레인필드 학교로 전학시켰다.

내니는 우리 모두를 돌보고, 먹이고, 보살피고, 훈육하는 존재였다. 갈색 피부에 머리가 온통 회색으로 살짝 건장한 체구였고 림프 부종 때문에 한쪽 팔이 다른 쪽보다 더 두꺼웠다. 사우스캐롤라이나 스파튼버그에서 나고 자라 뉴저지에서 35년을 넘게 살았는데도 말할 때 남부 억양이 짙게 묻어났다.

우리 가족은 누구나 자식들에게 주고 싶어 할 양육과 지지 시스템을 만들어줬다. 윗세대가 겪은 트라우마나 투쟁을 비껴갈 수 있을 만큼의 보살핌과 부와 사랑이었다. 그런데 안타깝게도 나의 인생 이야기는, 돈과 사랑과 지지를 아무리 듬뿍 빋았을지라도 흑인이라는 이유로 죽이려 드는 사회로부터 안전할 수 없음을 보여주는 증거다. '스트레이트'가 아니면 위험하다고 가르침받은 커뮤니티는 그 자체로 LGBTQIAP+ 사람들에게 위협이 된다.

초등교육 시스템의 허술함과 학교 입학 한 달 후가 생일이라는 사실 때문에 나는 네 살 때 유치원(미국 초등교육은 유치원 과정 1년을 포함한다 – 옮긴이)에 들어갔다. 그러기 위해 '테스트'를 봐야 했던 기억도 난다. 그러니 지금부터 말할 사건은 내가 다섯 살 때(입학 이듬해 봄에) 일어났다.

그 나이에 이미 남들과 다르다는 걸 알았지만 그걸 설명할 언어를 몰랐고 '다름'이 정확히 어떤 의미인지 이해할 만큼 성숙하지도 못했다. 나는 운동이니 트럭이니 남자애들 관심사에 끌리지 않았다. 내가 좋아하던 것은 인형과 머리 꾸미기였다. 내면에서 느껴지는 감정이 사회 기준으로 보아 '올바르지' 않다는 것쯤은 스스로 느낄 수 있었다. 밸런타인데이가 되면 남자아이들은 '짝사랑' 상대에게 고백 카드를 주어야 했다. 나는 남자아이에게 카드를 주고 싶지 않아 그 무렵 이미 티가 나게 톰보이였던 여자아이에게 카드를 주었다. 또 나는 언제나 남자아이들과 어울리기를 좋아했다.

남자아이다운 상상도 제법 했다. 그런데 상상 속 나는 언제나 여자아이였다. 긴 머리칼에 원피스를 입은 아이. 돌이켜 생각해보면, 내가 엉뚱한 몸에 갇혀 있어서가 아니라 내 행동이 여성스러워서 그런 상상을 한다고 생각했던 것 같다. 당시 내가 떠올릴 수 있는 선택지는 여자아이가 유일했다.

나는 나의 온전한 정체성을 표현할 수 없어 고민이었다. 그 정체성이란, 내가 좋아하는 모든 것을 망라하는 동시에 남자아이 몸에 담겨야 했다. 그러나 이미 나는 억압으로써만, 즉 진짜 모습을 숨김으로써만 안전해질 수 있다는 것을 알만한 나이였다. 솔직히 말하면 또래 아이들은 때로 잔인한 법이니까. 결국 나는 정체성 갈등을 말끔히 봉합해냈다. 적어도 그때는 그렇다고 믿었다. 다섯 살에 이미 세계 정상급 배우가 되어 여성성을 의심받는 일 없이 남자아이들과, 또 여자아이들과 어울렸다. 그러나 다시 생각해봐도 그때는 다들 너무 어렸다. 내가 그랬던 것처럼 다들 주변 애들을 너무 순진하게만 바라봤던 것 같다.

다섯 살 때 처음으로 이가 빠졌다. 내가 겪을 트라우마의 시작이었다. 이제 그 이야기를 시작하려 한다.

그때 나는 혼자 하교할 수 없는 나이였던지라 사촌형인 리틀 럴, 라술과 하굣길을 함께했다. 사촌형들은 내니 집에서 지냈다. 엄마 아빠가 밖에서 오래 일했으므로 우리 형제도 그 집에 맡겨졌다. 학교가 끝나고 내니 집까지 걸어가는 게 우리 일상이었다. 보통 나와 리틀 럴이 손을 잡고 걸었고, 라술은 우리보다 앞서갔다. 우리는 주로 뒷길로 다녔다. 학교 뒤편의 축구장과 농구장을 지나 길가로 나가면 한 블록 거리에 내니 집이 있었다. 평소였으면 10분도 채 걸리지 않을 길이었다. 학교 코앞에 있는 집까지 가는 10분 동안 사기 손주 인생에 평생 씻기시 않을 상처가 남으리라는 걸 내니는 상상도 못했을 것이다.

지금도 기억이 생생하다. 화창하고 따사롭던 봄날 공기의 내음이 아직도 느껴진다. 평소와 다를 바 없이 리틀 럴의 손을 잡고 내니 집으로 가던 날이었다. 여느 때처럼 라술은 빠른 걸음으로 우리를 앞서 걸었다. 랜스돈과 마셜 거리 모퉁이에 있는 집 잔디밭을 지나는데 동네에서 처음 보는 아이들과 마주쳤다.

사촌형들과 엇비슷한 아홉 살, 열 살 정도로 보였다. 가운데 있는 아이는 백인이었다. 요즘도 그때 일을 이야기할 때면 그 애

27

이름이 또렷이 기억나지만 여기서는 밝히지 않겠다. 기억이 정확하다면 그 무리에는 흑인과 백인이 섞여 있었다. 아마 사촌형들과 아는 사이였던 듯하다. 곧바로 말싸움이 붙었으니까. 기억을 더듬어보면, 소리는 나지 않지만, 여전히 눈으로 볼 수 있고 글을 쓰는 지금도 몸으로 느낄 수가 있다. 눈을 감고 떠올리면 그때 상황은 그야말로 느닷없는 아수라장이었다. 나는 바짝 긴장해서 리틀 럴의 손을 꽉 잡았다.

우리는 셋이었고 패거리는 여섯이었다. 사실은 2대6이었다. 다섯 살짜리가 패싸움에서 뭘 하겠는가? 말싸움이 격해지면서 형들과 패거리의 거리가 좁혀질수록 나는 더욱더 겁에 질렸다. 안전한 집을 코앞에 두고서 인생 최악의 트라우마로 남을 사건을 겪게 되다니 참으로 묘한 노릇이었다. 가끔은 그날 우리가 다른 길로 갔더라면, 5분 일찍 출발했더라면 어땠을까 생각하곤 한다. 그랬다면, 내 삶이 영영 달라졌을까?

상황을 파악할 새도 없이 말싸움이 몸싸움으로 번졌다. 그와 동시에 투명 인간 같던 내가 첫 번째 표적이 됐다. 사촌형들이 남자애 셋을 상대하는 동안 다른 남자애 둘이 내 양팔을 제압해 나를 땅바닥에 눕혔다. 내가 할 수 있는 건 도와달라고 소리치는 것뿐이었다. 남아 있던 남자애 하나가 다리를 휘둘러 내 얼굴을 가격했다. 그러고는 다리를 뒤로 뺐다가 더욱 힘을 주어 발길질했다.

콘크리트 바닥에 떨어진 유리처럼 이가 산산조각이 났다. 아무 느낌도 없었다. 그냥 다 꿈 같았다. 그러다 고통이 밀려들었다. 그리고 이전에 겪어본 적 없는 감정을 느꼈다. 분노였다. 당시에는 그게 어떤 감정인지 몰랐다. 그 감정의 묘미를 느낄 새도 없었다. 흐르는 눈물은 더 이상 아파서가 아니었다. 화가 나서 흘리는 눈물이었다. 분노의 눈물.

내 분노를 느꼈는지 나를 때리던 아이가 세 번째 발길질을 하려다 멈칫했다. 용케 풀려난 나는 와락 달려들어 남은 치아로 그 아이 다리를 깨물었다. 청바지가 찢어질 정도로 물어뜯자 아이는 비명을 내질렀다. 세 아이와 엉켜 있던 사촌형들이 그제야 내 꼴을 보고는 내 쪽으로 달려왔다. 그 기세에 나를 공격하던 애들이 주춤 물러났다. 형들이 내 책가방을 챙기며 말했다. "집으로 뛰는 거야, 맷."

나는 시키는 대로 했다. 얄궂은 일이지만, 초등학교에서 고등학교로 이어진 나의 육상 커리어는 그때 시작됐다. 그다음부터는 소리도 기억이 난다. 나는 울면서 집으로 달렸다. 내니 집에 도착해서도 울음이 멈추지 않았다. 입가에 피가 흘렀고, 입술은 통통 부었고, 유치는 나가떨어진 후였다.

"이게 다 무슨 일이야?" 내니가 기함했다.

"공격당했어요." 사촌형들이 설명했다. 내니가 얼굴에 갖다 대라며 키친타월로 두른 얼음을 가져다줬다.

이후부터는 기억이 살짝 흐릿해져 드문드문 떠오른다. 엄마는 곧장 퇴근해 내니 집으로 왔다. 그보다 먼저 신고 접수차 엄마가 보낸 경찰관이 방문했다. 엄마는 오자마자 나를 살폈다. 식탁 의자에 앉아 나를 자기 무릎에 앉히고 팔로 감싸 안았다.

엄마 품에 안기자 비로소 마음이 안정되었다. 이윽고 삼촌들이 하나둘 나타나 다들 한자리에 둘러앉았다. 사촌형들은 그때까지도 눈에 띄게 씩씩댔다. 나는 말없이 앉아서 숨을 내쉴 때마다 엄마 가슴팍이 올라갔다 내려가는 것을 느꼈다. 경찰관이 자초지종을 물었고, 사촌형들이 설명을 시작했다. 경찰관이 사건 경위서에 피해 정도를 적어야 한다며 나더러 입을 벌려보라고 했다. 내 기억으로 그날 나는 한참을 아무 말도 하지 않았다.

지금도 눈을 감으면 유체 이탈처럼 모든 것이 눈앞에 펼쳐진다. 그날 일을 자주 생각한다. 공격의 원인은 뭐였을까. 내가 여자애 같아서? 아니면 인종 때문이었을 수도 있다. 공격 주동자는 다른 동네에 살던 백인 아이였으니까. 아니면 원래 남자애들은 싸우면서 크는 거라는 가르침 때문일까? 결과와 의도는 언제나 저마다의 역할이 있다. 그날 패거리의 의도가 무엇이었건 간에 그것이 남긴 결과는 나를 영원히 바꿔놓았다.

그날 사건을 극복하기 위한 상담이나 치료는 이뤄지지 않았다. 흑인 커뮤니티에서 정신 치료는 여전히 극도로 금기시된다. 정신 건강에 문제가 있다고 소문이 나는 순간 심한 오명과 차별을 겪게 된다. 흔히들 정신 질환을 떠올리기 때문이다. 나의 부모 역시 자식에게 아픈 아이라는 딱지를 붙이느니 자신들이 할 수 있는 최선을 다했다.

우리 가족은 늘 그렇듯 서로를 더욱 단단히 사랑했다. 그날 그 순간, 엄마는 나를 꼭 안아주었고, 우리 가족은 오래도록 서로 곁을 지켰다. 그리고 나서야 엄마는 나를 집으로 데리고 갔다. 다음 날은 평소와 다를 바 없었다. 그냥 다음 날이었다. 전날 일어난 일은 잊어야 할 일, 아니, 땅에 묻어버려야 할 일이 되어 있었다.

안타깝게도, 내가 잊은 것은 웃는 법이었다. 웃을 때마다 자기 검열을 했다. 어른이 된 지금까지도 고치기 힘든 버릇이다. 유치가 홀랑 빠져 '뻐드렁니'에 가까운 영구치가 너무 일찍 나와버렸기 때문이다. 일곱 살짜리 입에 어른 크기의 치아는 어색하기만 했다. 나는 원치 않는 종류의 관심을 받게 됐다. 입술은 도둑맞은 미소를 가릴 보호막이 되었다. 당시 찍은 사진들을 보면 나는 시종일관 무표정이다. 일곱 살, 아홉 살, 열세 살, 스물두 살, 스물아홉 살 때 사진 속 나는 죄다 무표정이다.

엄마는 종종 내 치아가 보이는 사진을 찾아낸다. 많지는 않지만 그런 사진을 보면 못 견디게 민망하다. 찢어버린 적도 몇 번 있다. 사진 속 내가 정말 행복했는지, 아니면 누군가 '웃어, 맷'이라고 말해 어쩔 수 없이 웃었던 것인지 생각한다. 사진을 볼 때 내가 행복하지 않은 걸 보면 사진을 찍던 순간에도 행복하지 않았던 것 같다.

남들 눈에 나는 어떻게 보였을까? 통 웃질 않는 아이? 그게 극복 못한 과거 트라우마와 싸우는 신호라는 걸 알았을까? 크면 자연스레 사라질 '남자애들이 다 그렇지 뭐'의 특징 정도로 대수롭지 않게 여겼으려나? 오랫동안 무표정으로 사진을 찍으면서도 왜 그러냐는 질문을 받지 않았다는 것은, 우리가 놓치고 간과하는 흑인 아이들의 트라우마 신호가 얼마나 많을지를 헤아리게 만든다.

흑인 남자애들은 유독 거칠고 강인하기를 요구받는다. 아픈 걸 참으라고, 눈물을 삼키라고 한다. *싸우게 되거든 무조건 이겨라. 지고 돌아오면 네놈 엉덩이를 차버릴 거다.* 나는 살면서 친구와 가족에게서 이런 말을 숱하게 들었다. 흑인이자 퀴어로 살다 보면 여러 겹의 문제를 겪게 된다. 속한 커뮤니티에 대한 두려움, 자신의 정체성을 무시하는 아이들의 괴롭힘에 대한 두려움이 한꺼번에 작동한다. 퀴어 아이 내면에 그런 압박감이 쌓이다 보면 응축된 두려움은 아이를 겹겹이 감싸게 된다. 어른이 되어 그 껍질을 하나하나 벗겨내기란 쉽지 않다.

나는 어른이 되어서야 흑인 퀴어 아이를 대한 우리 커뮤니티의 방식이 흑인을 사회의 한 가지 틀에 맞추도록 강요하는 백인 동화와 존경성 시스템의 산물임을 깨치는 탈학습 과정을 거쳐야 했다. 그 시스템에서 남자가 된다는 것은 스트레이트이면서 사내다워야 한다는 것을 의미한다. 내게는 흑인다움과 퀴어함을 분리할 능력이 없었기에 미소의 상실은 퀴어로서의 기쁨과 흑인으로서의 기쁨을 한꺼번에 부정당한 것과 같았다. 내게 미소는 대응기제coping mechanism였다. 진짜 모습을 억압하는 고통을 감추는 가면.

가면 쓰기는 흑인 퀴어 아이의 흔한 대응기제다. 우리는 우리에게 일어난 일들이 어른이 되어 나타나지 않기를 빌면서 땅에 묻는다. 몇몇은 그렇게 묻힌 잔해들이 일생 내내 모든 방향 설정과 상호작용을 무의식적으로 좌우하리라는 것을 평생 깨치지 못한다. 그런데 참 희한하게도, 우리는 트라우마와 고통을 매개로 연결되기도 한다. 부서진 사람들끼리 서로를 회복시키려는 희망을 품고 서로를 발견한다.

미소 지은 사진이 잘 나오면 무사히 트라우마를 극복했구나, 싶었다. 그러나 짓궂게도 트라우마는 가장 예상치 못한 순간에 불쑥 나타난다는 사실을 새삼 곱씹게 되기까지는, 미소가 어색한 사진 한 장이면 충분했다. 다른 무언가인 척 넘어가는 행동이 실은 애써 외면한 고통의 징후일 수 있다. 오롯이 홀로 감당해야 했을, 남들 눈에는 도움이 필요한 상태로 보이지도 않았을 트라우마. 남자애는 울면 안 돼. 얼른 참아, 라는 말. 때로는 죽을 때까지 참아야만 한다.

가끔 너무 힘주어 이를 닦나가 피 맛이 나면 즉각 그날의 기억이 소환된다. 어른이 된 나는 이유를 모르는 척 욕실 거울 앞에 서서 울었다.

대중문화 곳곳에서 트라우마는 모습을 드러낸다. 가수가 고통을 승화해 가사를 쓰면 대중은 그걸 따라 부른다. 트라우마는 커뮤니티에 공유되기도 한다. 노래가 우리의 함성이 되고, 트라우마는 우리를 결속시킨다. 사람들이 이렇게 말하는 걸 들은 적도 있다. "메리 제이 블라이즈가 다시 슬픔에 잠겼으면 해. 그래야 더 좋은 노래가 나오거든." 우리 커뮤니티는 고통과 마찬가지로 기쁨과도 이어지려 부단히 애를 쓴다.

카디비Cardi B가 "가방을 샀고 치아를 고쳤어"라고 말하는 것에는 잘 빠진 노래의 깜찍한 가사 이상의 의미가 담겼다. 물론 〈보닥 옐로Bodak Yellow〉는 끝내주는 노래지만! 이 가사는 고르지 못한 치아로 수년간 혐오와 공격에 시달린 카디비가 그에 대해 내놓은 반응이다. 카디비는 자신이 감당해야 했던 트라우마에 관해, 또 어떻게 그걸 극복해 주체성을 되찾았는가에 관해 이야기하며 사람들에게 자긍심을 심어준다. 치아 이야기를 꺼낼 때마다 카디비는 억눌린 트라우마의 무게에서 벗어나 서서히 치유된다.

나는 수년간 내면에 트라우마의 순간들을 붙들고 살았다. 무표정한 얼굴로 찍힌 사진 수백 장이 그 증거다. 나는 입을 다문 채 웃거나 웃지 않으려고 애썼다. 어른이 되어 사람들과 부딪히면 나도 모르게 방긋 웃을 때가 있는데 그럴 때 사람들은 "웃는 게 보기 좋네요"라고 말하곤 했다. 내가 보인 첫 반응은 말도 안 된다는 듯 눈을 굴리는 것이었다. 친구들이 "생각해보니 네가 웃는 걸 본 적이 없어"라는 메시지를 보낸 적도 있다. 나는 그런 말들을 피하며 실제 내 마음과 다른 핑계를 대고는 했다. 여전히 내 안에는 선뜻 웃을 자신이 없는 다섯 살짜리의 내가 있었다. 내 안의 그 퀴어는 온전히 자신일 수 없었다.

2015년 1월 15일, 나의 미소 트라우마에 변화가 생겼다. 그날 엄마 뇌에서 동맥류 두 개가 발견됐다. 상황은 심각했고,

우리 가족은 아무 준비도 안 된 상태였다. 서른 살의 나는 정신을 바짝 차려야 했다. 나는 맏이니까, 엄마한테 내가 필요할 테니까.

의사가 이렇게 말했던 기억이 난다. "다시 수술 대기실로 모셔야 합니다. 두 사람만 동행하세요." 아빠와 내가 엄마 곁을 지키기로 했다. 의료진은 수술실로 들어가기 직전 수술 대기실로 엄마 침상을 끌고 간 뒤 우리에게 말했다. "1분 드릴게요." 아빠와 내가 침상 양 끝에 섰다. 아빠가 몸을 굽혀 엄마에게 입을 맞췄다. 엄마는 "난 괜찮을 거야"라고 했다.

나는 초조하게 서 있었다. 두려웠다. 나도 엄마에게 입을 맞췄다. 몸을 일으키는 순간, 엄마는 내가 울컥했다는 걸 알아차렸다. 이가 빠진 채 엄마 무릎에 올라가 앉은 다섯 살 소년으로 돌아간 기분이었다. 도움을 받아야 할 엄마는 도리어 내게 위안이 돼줬다. 내가 여태껏 그날의 기억을 극복하지 못했다는 걸 언제나 알고 있었던 것처럼. 엄마는 수술실로 들어가기 직전에 내가 그날의 기억을 극복하게 해줬다. 엄마는 눈물이 그렁그렁한 나를 올려다보며 말했다. "웃으렴, 맷. 그냥 웃어."

나는 미소를 잃어버린 날 이후로 가장 환히 웃어 보였다.

엄마의 수술은 무사히 끝이 났고, 나는 트라우마를 다스리는 소중한 교훈을 얻었다. 보란 듯이 문제를 늘어놓고 분석하는 작업은 필요하다. 이제는 세상에 퀴어 흑인 아이들의 문제를 펼쳐놓을 차례다.

흑인 아이들이여, 마음껏 웃기를.

추신: 이가 빠진 다음 날 사촌형들과 삼촌이 학교로 와서 수업을 기다리던 폭력 주동자와 그 애 아빠를 흠씬 두들겨팼다. 형들은 그 일로 닷새 동안 정학당했다. 가족은 건드리지 말자.

2장
정체성

"매슈…… 매슈!" 내니가 소리쳤다.

"왜요?"

"왜가 무슨 말버릇이니, 얘."

나는 아래층 거실로 내려가 내니가 앉은 커다란 의자 앞에 섰다. "네, 할머니?"

"위층에 가서 문 뒤에 둔 할머니 가방 좀 가져오너라."

"알았어요." 나는 다시 달렸다. 내니 물건을 찾아오는 것은 늘 내 몫이었다. 내니는 내게 이걸 가져와라, 저걸 가져와라, 시키고는 했다. 사실 나는 내니의 조수 노릇을 퍽 좋아했다. 위층에 있던 나는 내니가 시키는 대로 아래층으로 내려왔다가 내니가 찾는 물건을 가지러 곧바로 위층으로 올라간 뒤 다시 내니가 있는 아래층으로 내려와야 했다. 내니는 옛날 사람이라 꼭 얼굴을 보고 심부름을 시켜야 직성이 풀렸다.

플레인필드의 랜스돈 테라스에 우뚝 솟은 노란색 집은 나의 두 번째 집이었다. 우리는 그 집을 '큰집'이라고 불렀다. 그 집에 비하면 엄마 아빠의 집은 훨씬 작았다. 길고 딱딱한 초등학교 수업이 끝나면 우리의 은신처인 내니 집으로 갔다. 엄마 아빠가 일하는 동안 동생과 나는 하교 후 세 시부터 아홉 시까지 날마다 그 집에 머물렀다. 엄마는 미용실 일이 끝나면 내니 집으로 와 우리를 집에 데리고 갔다.

큰집에는 리틀 럴과 라슐 형 그리고 (대학 방학을 맞은) 먼치 이모까지 살았기 때문에 언제 가도 재미있었다. 어린 시절 내게는 내니 집도 진짜 '집'처럼 느껴졌다. 금요일이 되면 엄마는 집에 갈지 아니면 내니 집에 주말 내내 있을지 묻고는 했다. 동생과 나는 매번 내니 집에 남겠다고 했다. 엄마는 내심 반가웠을 것이다. 토요일에도 미용실을 봐야 했으니까.

큰집은 우리에게 가족이었다. 그 집에는 커다란 식탁이 있었다. 내니는 일요일마다 손수 요리를 해서 엄마를 비롯한 외가 식구들을 전부 불러다 저녁을 먹였다. 밥을 다 먹으면 온 가족이 거실에 있는 큰 텔레비전으로 함께 미식축구 경기를 봤다.

어느 일요일 저녁이었다. 리틀 럴과 나는 늘 그렇듯 서로를 놀리느라 바빴다. 농담은 아주 가볍게 시작됐다.

"그래서 형 키가 작은 거야." 내가 이렇게 말했던 기억이 난다.

"그래서 네가 못생긴 거야." 리틀 럴이 맞받아쳤다.

이때까지만 해도 다들 대수롭지 않게 우리를 가만히 두었다. 누구도 감정이 상하지 않았으니까. 그런데 내가 형의 성적을 트집 잡으면서부터 분위기가 달라졌다. 참고로 나는 줄줄이 A

학점만 받던, 확신에 가까운 모범생이었다. 사촌형들은 내가 똑똑하다는 걸 알았고, 그걸 질투하지는 않았으나 거슬려 했다. 어른들이 성적으로 잔소리할 때 내가 언제나 모범 기준으로 등장했기 때문이다. 그래서 나는 이렇게 응수했다.

"그래서 형 성적이 바닥인 거야."

형은 이 말에 폭발했다. 다행히 리틀 럴은 언제나 나를 봐주는 쪽이었기에 난폭한 보복을 걱정할 필요는 없었다. 라술이었다면 상황은 전혀 달랐을 것이다. 그런데 리틀 럴은 물리적으로 나를 때리는 대신 비겁하게도 가장 잔인한 방식으로 나를 공격했다. 이유가 무엇이건 가족 대부분이 내게 털어놓을 준비가 되지 않았던 진실을 냉큼 까발린 것이다.

"그래서 네 진짜 이름이 조지인 거야."

나는 어안이 벙벙해졌다. 처음 든 생각은 참 허접한 공격이군, 이었다. 그다음에는 당연히 거짓말이라는 생각이 들었다. 그래서 이렇게 대꾸했다. "아냐, 아니거든?" 그러자 리틀 럴이 또 맞받아쳤다. "아냐, 맞아. 네 이름은 매슈가 아니라 조지야." 나는 발끈해서 소리를 높였다. "내 이름은 조지가 아니라 매슈야!" 주방에 있던 내니가 우리가 있던 다이닝 룸으로 들어오기 전까지 나는 계속 고래고래 소리쳤다.

"이게 뭔 난리냐?"

내가 내니를 보며 말했다. "럴 형이 자꾸만 내 이름이 조지래요. 매슈가 아니고." 얼굴이 돌처럼 굳은 내니가 이를 꽉 깨물었다. 내니는 흑인 아이라면 누구나 겁낼 흑인 어머니의 표정으로 리틀 럴을 바라봤다. 그 표정일 때는 입을 열지 않아도 눈빛에서 전해지는 말이 있었다. '다들 집에 가고 나면 맞을 줄 알아.' 리틀 럴에게는 천만다행히도, 내니는 잔뜩 화난 나를 먼저 달래는 쪽을 선택했다.

"거실로 가자꾸나, 맷. 가서 이야기하자."

나와 나란히 소파에 앉은 내니는 리틀 럴의 말이 사실이라고, 그러니까 내 진짜 이름이 조지라고 했다. 나는 이게 지금 무슨 상황인 건지 곰곰이 생각했다. 내가 다른 사람이었다는 건가? 태어날 때 무슨 착오라도 있었나? 다른 가족에게도 다 가짜 이름이 있는 거야?

나는 엄청난 충격을 받았다. 내가 알던 모든 현실이 부서진 것만 같았고 이 상황을 도무지 이해할 수 없었다. 내 입에서 질문이 쏟아졌다. 처음 물은 것은 "왜 아무도 내 진짜 이름을 부르지 않는 건데요?"였다.

이제 진실이 밝혀질 시간이다. 앞으로도 이런 에피소드가 속속 등장할 테니 아예 팝콘을 가져오는 것도 좋겠다. 당시에는 내 진짜 이름을 숨긴 이유를 정확히 듣지 못했지만 내가 좀 더 나이가 들고 나서 가족들은 허심탄회하게 진실을 말해줬다.

이 모든 건 내가 태어난 병원에서부터 시작된다……

엄마 아빠 그리고 내니가 내 이름을 지으려고 병실에 모였다. 아빠는 자기 아들 이름은 무조건 G로 시작해야 한다고 고집을 부렸다. 당시 이미 10대였던 형의 이름은 아빠 이름을 딴 그레고리 지라드 존슨 주니어였다. 아빠는 고심 끝에 내 이름을 지라드 그레고리 존슨으로 짓자고 했다. 아빠 취향이 얼마나 촌스러운지 내가 말했던가? 이제 곧 이해하게 될 것이다. 고맙게도 엄마와 내니는 단호하게 "다시 생각하라"며 퇴짜를 놓았다.

아빠는 그러면 자기 아빠와 형의 이름을 따서 내 이름을 '조지'로 짓자고 했다. 할아버지 이름은 조지 워싱턴 존슨이었다. 비웃어도 좋다. 어렸을 때 그 이름을 처음 들었을 때 나도 그랬으니까. 큰아빠 이름은 조지 스티븐슨 존이었다. 역시 비웃더라도 할 말이 없다. 아빠의 두 번째 제안은 자기 형 이름을 따서 내 이름을 조지 스티븐슨 존슨 주니어로 짓자는 거였다. 엄마와 내니는 이번에도 "다시 생각하라"고 퇴짜를 놓았다. 하지만 아빠는 자기 집에서만큼은 왕 노릇을 하며 자기 뜻을 밀어붙이는 사람이다. 결국 세 사람은 타협에 이르렀다. 그렇게 나의 앞 이름은 아빠가, 중간 이름은 내니와 엄마가 고르게 됐다.

그때 내니가 성경을 꺼내며 엄마에게 이렇게 말했다고 한다. "중간 이름은 성경에서 고를 거다. 곧 죽어도 손주를 조지라고 부를 수는 없어." 손가락으로 성경을 훑어 내려가던 내니와 엄마는 '매슈'라는 이름에 꽂혔다. 성경에서 선한 인물로 나오는데다 내가 꼭 매슈처럼 생긴 것 같았다나. 그렇게 그날 세상에 태어난 조지 매슈 존슨은 매슈 존슨이 되어 병원 문을 나섰다.

큰집에서의 그날로 돌아가자. 내니는 이 이야기를 감당하기에 내가 너무 어리다고 생각했다. 질문만 쏟아질 게 뻔했다. 내니는 "그냥 중간 이름을 따르기로 했단다" 하고 두루뭉술하게 넘어갔다.

그날 밤 엄마가 나와 동생을 데리러 왔을 때 내니가 엄마에게 조금 전 일을 설명했다. 엄마는 괜찮냐고 물었고 나는 "괜찮다"고 했다. 하지만, 아니었다. 엄마는 내 속도 모르고 그대로 집으로 차를 몰았다. 이 문제가 내 안에서 전혀 해결되지 않았다는 것을 까마득히 모른 채.

다음 날 학교에 갔고 달라진 건 없는 듯했다. P 선생님이 평소처럼 출석을 불렀다. 이름을 하나하나 불러가며 결석자를 확인했다. 선생님이 "매슈 존슨"이라고 호명했을 때 나는 "네"라고 대답했다. 그날 수업은 여느 때와 다를 게 없었다. 그러다 쪽지 시험을 봤다. 주어진 시간은 30분이었다.

"연필 내려놓으세요." 타이머가 울리자 P 선생님이 말했다.

내 책상에 다가온 선생님에게 시험지를 건넸다.

시험지를 힐끔 확인한 선생님이 나를 보더니 다시 종이를 봤다. 뭔가 일이 있는 것 같기는 한데, 그걸 애들 앞에서 말해도 될지 아니면 따로 불러내야 할지 고민하는 눈치였다. 선생님은 별말 없이 다른 아이들 시험지를 걷었다. 남은 하루 동안 선생님은 영어와 과학 숙제를 내줬고 나는 시험지를 받아 문제를 풀때마다 맨 위에 이렇게 이름을 적었다.

조지 존슨

선생님이 나의 정체성 위기를 우려할지도 모른다는 생각은 전혀 들지 않았다. 어린 나는 어른이 되었을 때와 비교도 안 될 만큼 변화에 빠르게 적응했다. 전날 밤만 해도 인생이 송두리째 거짓이었다고 느꼈는데, 날이 밝고 보니 새 이름이 생긴 것도 멋진 일 같았다. 나는 그렇게나 유동적일 수 있었다. 내 서사를 스스로 통제할 주체성이 주어졌고, 그 순간 나는 누가 뭐라든 나를 위한 최선을 선택했다. 한 가지 정체성 상자만 채우라고 요구하는 사회에서 자신의 길을 스스로 선택하기가 좀처럼 어려웠던 아이에게, 그럴 수 있는 선택권이 생긴 거다. 이름은 내 힘으로 정의할 수 있는 정체성 지표였다.

그날 나는 기회만 되면 내 이름을 쓸 생각에 들떴다. 어떻게 G를 쓸지 이리저리 끄적이기도 했다. 나는 혼자만의 작은 세상에 심취해 친구들에게 내 진짜 이름이 사실은 조지였다고 말하고 다녔다. 여덟 살 아이들에게는 굉장한 뉴스였다. 어제만 해도 매슈였던 친구가 이제는 조지라니! 이 일로 약간의 소동이 있었다. 다른 아이들도 이름을 바꾸겠다며 나선 것이다. 나는 내가 그랬듯 먼저 엄마 아빠에게 확인해보라고 일러줬다.

학교가 끝나고 평소처럼 내니 집으로 돌아온 우리는 식탁에 둘러앉아 각자 숙제를 했다. 다 마치고는 위층에 있는 사촌형 방으로 올라가 비디오 게임을 했다. 아래층에서 전화기 울리는 소리가 났다. 집에 전화가 오는 일이 드물었기에 내니가 "얼른 전화 좀 받아라" 하고 소리 지르지 않는 이상 우리가 전화를 받는 일은 손에 꼽을 정도였다. 이번에도 내니는 우리를 시키는 대신 으레 그렇듯 백인 부인 목소리를 흉내 내며 "여보세요" 하고 직접 전화를 받았다. 1분 정도 지났을까, 내니가 나를 찾았다.

"맷!!! 내려와서 전화 받거라. 네 엄마다."

나는 내니가 서 있는 현관으로 달려갔다. "여기 받아라." 내니가 수화기를 건넸다.

엄마가 말했다. "맷, 앞으로 네가 쓰고 싶은 이름이 뭔지 상의해보자. 선생님에게서 전화가 왔어. 오늘 네가 제출하는 시험지마다 이름을 조지라고 바꿔 적어 걱정하시더구나."

나는 "맞아요. 그게 내 진짜 이름이니까 그렇게 적었어요"라고 대답했던 것 같다.

"알아. 그럼 이제 선택할 차례야. 조지가 될지, 매슈가 될지. 천천히 골라도 돼. 하지만 이랬다가 저랬다가 할 수는 없어. 하나로 정해야 돼." 살짝 불안해졌다. 매슈가 아니라 조지를 고르면 엄마와 내니가 실망할지도 몰라. 내가 대답하려는데 엄마가 먼저 말을 덧붙였다. "이름을 바꾼다고 해서 화낼 사람은 없어. 우리 아들은 스스로 선택할 만큼 컸으니까."

엄마는 늘 그렇게 꼭 필요한 말을 해주는 사람이었다. 여덟 살밖에 안 된 아이더라도 스스로 선택을 하는 게 중요하다는 걸 엄마는 잘 알았다. 더구나 이름은 애초에 아이에게 선택지가 없는 문제가 아니던가. 나는 잠시 고민했다. 내니는 여전히 내 옆에 서서 내 결정을 기다렸다. 마침내 내가 입을 뗐다. "그냥 매슈로 살래요."

"알았어……. 그럼 앞으로도 매슈인 거야. 선생님한테는 엄

44

마가 말할게. 나중에 보자. 알았지?"

"네, 엄마!"

그렇게 내 이름은 다시 매슈가 됐다.

나는 중학교를 졸업할 때까지 매슈라는 이름을 썼다. 공립학교 시스템에서는 그게 가능했다. 중간 이름을 써도 아무 문제가 없었다. 하지만 9학년이 되어 규칙이 엄격한 가톨릭학교에 진학하게 되면서부터 매슈라는 이름을 쓸 수 없었다.

9학년 첫날 출석부에 나는 법정 이름인 '조지 존슨'으로 등록되었다. 매슈 존슨으로 이름을 바꾸는 것은 불가능했다. 가톨릭학교에는 나와 초등학교, 중학교를 같이 나온 아이가 몇몇 있었다. 내 이름이 호명되고 내가 "네"라고 대답하자 그 아이들은 '웬 조지?' 하는 표정으로 나를 보았다. 개학 첫 주 내내 나는 "맞아, 그게 내 법정 이름이야"라는 말을 달고 살았다. 웃긴 건 여전히 가족은 나를 조지가 아닌 매슈로 부른다는 거였다. 그러니까 학교에서는 종일 조지라고 불렸지만 집에 가면 가족과 친구들, 그리고 어릴 때부터 나를 알아온 사람 모두가 나를 매슈라고 불렀다.

지금까지도 나는 누구에게는 조지로, 또 누구에게는 매슈로 불린다. 이건 흥미로운 내 삶의 낱말들로 빚어진 우스운 일화지만 꽤 심오한 의미가 있다. 이 이야기는 내 이름에 관한 것이 아니다. 잔인한 속임수에 홀랑 넘어갔다는 걸 깨닫고 충격받은 여덟 살 아이의 이야기도, 본래 이름을 받아들여야만 했던 열세 살

아이의 이야기도 아니다.

이건 정체성에 관한 이야기다. 문화가, 특히 흑인 커뮤니티 문화가 '좋은' 이름과 '나쁜' 이름을 어떻게 가름하는지 말해주는 이야기, 성별과 젠더를 둘러싼 정치의 이야기이자, 부모가 고른 이름이 마음에 들지 않으면 아이에게 바꿀 권리가 있음을 알려주는 이야기다.

엄마는 내게 가장 잘 어울리는 이름을 스스로 선택하게 함으로써 내 주체성을 존중했다. 그러나 내가 도미니크나 서맨사(젠더 중립적이거나 여성적인, 즉 '조지'나 '매슈'처럼 뚜렷하게 남성적이지 않은 이름-옮긴이) 같은 이름을 쓰겠다고 했어도 대화가 깔끔하게 끝날 수 있었을까? 당시 나는 어린아이였음에도 가족의 마음을 상하게 하지 않을 이름을 따라야 한다는 걸 알았다. 하지만 설령 가족이 나를 베이비 조지라고 부르고 싶어 하지 않았을지라도, 언젠가 그 선택은 그들의 것이 아니게 된다. 내 이름은 오직 나를 위한 것이니까.

'선호하는 이름'을 허락하지 않은 가톨릭학교에 다니면서 나는 순응에 대한 값진 교훈을 얻었다. 학교는 학생들에게 똑같은 교복을 입게 했고, 정해진 사회 기준과 행동 규범을 따르라고 요구했다. 어떤 종교를 믿건 무조건 미사에 참석해야 했고 종교 수업을 들어야 했다. 반항하거나 기준에 조금이라도 어긋나는 행동을 하면 처벌받았다. 엄한 규칙에 갇혀 살았던 덕에 훗날 사회에 받아들여지기 위한 규범을 따라야 할 때를 대비할 수 있었다. 순응을 강요하는 구조는 학교에 가면 다르게 행동할 것을 강요했다.

한번은 이런 일이 있었다. 자유복 입는 날이 되어 농구 헤드밴드를 하고서 학교엘 갔다. 3교시까지는 아무 탈이 없었는데 이후 선생님이 헤드밴드를 벗으라고 했고, 나는 그러지 않겠다고 버텼다. "내 교실에서 헤드밴드는 금지다." 선생님은 이 말을 반복했다.

"안 벗으면 어떻게 되는데요?" 내가 대꾸했다.

선생님은 아주 의기양양한 투로 이렇게 대답했다. "학교에 보고해서 방과 후에 남게 할 거다."

"알았어요. 그렇게 하고 헤드밴드는 안 벗을래요."

주체성. 내가 어릴 때는 알지 못했던 개념이지만, 나는 아이들에게 이 개념을 적극적으로 가르쳐야 한다고 생각한다. "이걸 입어"라고 지시하기보다 "어떤 걸 입고 싶니?"라고 묻는 어른이 더 많아졌으면 좋겠다. 그리고 아이가 내린 선택을 두고 대화했으면 한다. 아이가 이성애 사회 규범에 순응하지 않거나 '정반대 젠더'를 지향한다면, 아이에게 자신이 누구인지 깊이 성찰하게 해주는 질문을 던져야 한다.

이름은 정체성 중에서도 가장 중요한 조각이다. 오롯이 자신이 소유한 정체성 조각. 당신이 세상에 내놓는 모든 것에 이름이 따라붙는다. 어느 공간에 들어가건 당신 이름에는 힘이 존재한다. 똑같은 이름일지라도, 그 이름을 가진 두 사람은 고유한 존재다. 살아가며 사랑하게 되는 모든 것처럼 당신 이름에도 애정이 깃들어야 한다.

이름이 마음에 들지 않는다면 바꿔라. 이름은 당신의 것이고 영원히 당신 곁에 남으니 원하는 대로 바꿔도 좋다. 사람들은 성별과 젠더를 경험하면서 사회가 강요한 것이 아닌 자신에게 어울리는 이름을 선택하기도 한다. 원래 이름이 마음에 든다면 그대로 두어도 된다. 다만 꼭 그럴 필요가 없다는 것을 명심하자.

무엇보다 자신을 위한 선택을 내릴 주체성이 각자에게 있음을 깨달아야 한다. 당신에게는 사회에 저항하고, 심지어는 가족에게 맞설 힘이 있다. 안타깝게도 우리가 살아가는 세상에서 그런 주체성을 갖는다는 것은 거부와 무시, 심지어는 폭력에 맞닥뜨릴 수 있다는 뜻이기도 하다. 어릴 때부터 퀴어 정체성을 가진 사람들이라면 더더욱 그렇다.

일단 여기서는 사람들 이름과 그들이 선택한 정체화의 방식을 존중하자고만 말해두겠다. 그들이 선택한 대명사, 이를테면 히/힘he/him, 쉬/허she/her, 데이/뎀they/them, 갓god, 가디스goddess 등을 그대로 존중해주자는 거다. 우리는 오히려 이런 것들을 예외로 생각하게끔 길들여졌다. 하지만 스스로 선택한 이름과 젠더 대명사로 호명되는 것은 당연한 규칙이어야 한다.

자신에 대해 안다고 생각했던 것들을 말끔히 지우고, 이성애 상자 테두리 바깥에서 인생을 항해하는 사람들에 관해 알아야 하는 것들에 귀를 기울여보자. 장담하건대 자기 이름을 좋아하는지 스스로 되물어볼 생각조차 안 해봤을 것이다. 또는 그 이

름을 바꿀 힘이 자신에게 있는지 의심해본 적이 없을 것이다. 이
제는 달라지기를 빈다……

3장
허니차일드

우리 가족은 단층으로 된 랜치 스타일 집에 살았다. 동생과 나는 복도 맨 구석에 있는 방을 같이 썼고 바로 옆은 엄마 아빠 방이었다. 세 번째 방은 누군가 왔을 때 묵는 손님방이었다. 비어 있을 때는 창고로 썼다. 아빠는 소위 '산림쥐pack rat' 같은 사람이라 뭐 하나 버리는 성격이 아니다. 대체품이 생길 때까지 원래 있던 물건을 버리지 못하는데 "혹시 모르니" 원래 물건을 계속 쟁여놓기도 한다. 그래서 어릴 적 내 장난감들은 여전히 고향 집에 있다. 아빠 말로는 "언제 쓸모가 있을지" 모른단다.

우리 형제 방에는 이층 침대가 있었다. 마음이 내키는 대로 1년의 절반은 위아래로 붙여 쓰다가 나머지 절반은 방 양쪽에 침대를 분리해 두었다. 벽장에는 우리 장난감들과 버지니아 할머니 물품들이 30년째 쌓여 있다. 말했다시피, 아빠는 뭐 하나 버리는 성격이 못 된다.

옷장은 따로 사용했다. 내 것은 높고 좁았고 동생 것은 길고

넓었다. 그것 말고는 텔레비전을 포함해 방 안의 모든 물건을 공유했다. 웬만하면 의견이 일치했으므로 텔레비전 채널을 두고 싸운 적은 없었다. 하루는 날이 저물어 나와 동생이 자려고 하는데 거실에 있던 엄마가 나를 불렀다.

엄마는 거실 소파에 앉아 텔레비전을 보며 나를 기다리고 있었다. 우리 집에는 방마다 텔레비전이 있었다. 이것 역시 아빠가 절대 포기 못한 부분이었다. 내가 다가가니 엄마가 입을 열었다. "앉으렴, 맷. 할 말이 있어."

'할 말'이란, 나도 모르는 사이 지난 몇 주간 학교에서 벌어지던 일과 관련이 있었다. 엄마가 물었다. "반 아이들한테 무슨 말을 하고 다닌 거야?"

먼저 말해둘 것이 있다.

나는 굉장히 되바라진sassy 아이였다. 어릴 때는 그냥 되바라진 애였지만, 커서는 한층 업그레이드되어 패셋으로 불렸다. 나는 여자 어른들이 걸을 때 엉덩이를 어떻게 씰룩이는지 유심히 관찰하곤 했다. 씰룩이는 것에 타고난 아이였지만 그렇게 걸으면 안 된다는 걸 잘 알았다. 그래서 최대한 그러지 않으려고 노력했다. 이때 방점은 노력에 찍힌다.

나는 빼빼 말라 엉덩이가 도드라지는 편이 아니었다. 그런데도 애들이 짓궂게 놀리기 전까지는 최선을 다해 작은 몸을 양옆으로 움직이며 걸었다. 원래도 씰룩이는 걸음걸이를 훨씬 더 과장했다. 가족들은 언제나 "그만 좀 씰룩여라, 맷!" 하고는 했다. 그러지 말고 '남자애처럼' 걸으라는 소리를 들어도 그냥 웃어넘겼다.

2학년이 된 나는 행복한 아이, 조금 수다스러워도 전반적으로는 괜찮은 아이였다. 우리가 치러야 했던 표준화된 시험들을 근거로 했을 때는 똑똑한 아이기도 했다. 시험 점수가 나와 내가 '전국 평균 이상'임을 확인하는 것은 언제나 즐거운 일이었다.

사교생활로 말할 것 같으면, 나는 주로 여자애들과 어울렸다. 내면에서 느끼는 것들이 반영된 결과였다. 나는 여자애들처럼 굴었고 여자애들 특유의 버릇을 보란 듯이 따라했다. 적어도 스스로는 그렇다고 생각했다. 나의 그런 행동이 타고난 것인지 자문하기에는 너무 어렸다. 지금 생각해보면 나는 누군가를 흉내 낸 것이 아니었다. 한껏 비튼 허리, 걸음걸이, 그리고 되바라짐은 그 자체로 내 이미지의 반영이었다.

이 생각을 좀 더 곱씹어보고 싶다. 지금도 나의 버릇과 여성성 따위를 의심하게 될 때가 있다. 내가 주변 흑인 여자들을 미러링하는 것일까? 아니면 이게 자연스러운 모습인 걸까? 그 둘이 뒤섞인 것이려나? 어느 쪽이건 상관없다는 걸 안다. 어떻게 보이든 그건 지극히 자연스러운 나의 모습이니까. 중요한 건 내가 어떻게 지금의 내가 되었느냐다.

친구들과 있을 때는 헤이, 걸이라거나 차일드*chiiilld*라는 표현을 쓰곤 했다. 어른들이나 쓰는 말이었지만 우리는 어른인 척하는 아이들이었기에 우리끼리만 있을 때는 그런 표현을 아무렇지 않게 썼다. 학교 친구 중에 키가 큰 백인 여자아이가 하나 있었다. 살짝 평범했으나 참 다정한 아이였다. 나는 별나게 발음되는 그 애의 성을 특히 좋아했다. '하우덴차일드.' 나도 그런 멋진 성을 갖고 싶었다.

마침 이 무렵 내 사생활에 새 인물이 등장했다. 여덟 살 꼬마에게 사생활이랄 게 있겠나 싶지만, 아무튼 가족 주변에 새 어른이 추가됐다는 뜻이다. 크리스털은 럴 삼촌과 데이트하는 사이였다. 내가 만나본 흑인 여자 중 가장 예쁘고 멋지고 재치 있는 사람이었다. 잘 관리된 손톱은 언제나 말끔했고 금발로 물들인 머리는 빨간색으로 부분 염색이 되어 있었다. 어릴 때는 가수 페이스 에번스Faith Evans를 닮았다고 생각했다. 크리스털은 하얀색 캐딜락을 몰았다.

크리스털 옆에 있으면 늘 즐거웠다. 우리 가족과 가까워지면서부터 크리스털은 이따금 나와 사촌형들을 데리고 나갔다. 그때는 미스 크리스털이라고 불렀는데 나중에는 크리스털 이모가 되었다. 럴 삼촌과 다른 어른들은 크리스털을 '허니'라는 애칭으로 불렀다. 허니라니, 멋진 사람에게 딱 어울리는 이름이었다. 그때부터 나는 내 이름이 허니라면 얼마나 좋을까 상상하곤 했다. 물론 상상 속에서 나는 언제나 여자아이, 때로는 여자 어른이었다.

나이를 먹어서도 웬만해서는 상상 속에서 나를 남자로 그려본 적이 없다. 상상에서만큼은 진짜 내가 느끼는 나로 살고 싶었다. 상상 속 나는 엄마를 빼닮은 여자아이 또는 여자 어른이었다. 실제로 얼굴이 엄마를 닮기도 했고. 내 버릇은 엄마와 내가 보고 자란 여자 어른들, 특히 이모들에게서 온 것이었다.

하지만 현실에서 나는 여전히 남자아이였다. 상상하는 모습대로 살아갈 힘은 없었으나 주어진 상황에서 최선을 다했다. 나는 평범한 여자애가 되고 싶었다. 하지만 다른 애들에게 별종 취급을 받지 않으면서 '여자애 언어'를 사용할 방법은 없었다. 남자애가 말하는 방식이 있고 여자애가 말하는 방식이 따로 있었다. 그래서 남자애들과 있을 때는 여자애 언어를 쓰지 않으려 최선을 다했고, 여자애들과 있을 때는 남자애 언어를 자제했다. 나는 '코드 스위칭'(code switching, 하나의 맥락에서 두 개 이상의 언어를 바꿔가며 구사하는 것을 가리키는 언어학 용어. 소수자가 다수 집단에 인정받기 위해 집단 특유의 언어와 말씨, 나아가 외양과 행동 방식을 수정하는 걸 의미하기도 한다-옮긴이)을 알기 한참 전부터 그걸 실천하고 있었던 셈이다.

하루는 여자애들과 모여 수다를, 정확히는 뒷담화를 나누고 있었는데 '걸!' '차일드' 대신에 '허니차일드……'라는 말이 불쑥 나와버렸다. 아주 자연스럽게, 한껏 되바라진 투로. 애들은 놀란 눈치였다. 이유를 알만했다. 나는 애들 쪽으로 손목을 한껏 꺾고 활짝 웃으며 또 한 번 '허니차일드'라고 말했다. 그러고 하던 말을 마저 끝냈다. 여자애 중 하나가 그걸 그대로 따라하기 시작했다. 내가 처음으로 게이 언어를 만들어낸 것이다. 게이가 된다는 게 뭔지도 모르던 때였지만.

내가 '게이 언어'를 접한 것은 얼마 지나지 않아서였다. *셰이드*shade(험담을 의미하는 은어-옮긴이)나 *야아아스*yaaassss 같은 표현은 LGBTQIAP+ 커뮤니티 바깥사람들이 텔레비전이나 소셜미디어에서 워낙 많이 써서 이미 대중적으로 사용되고 있다. 나 같은 아이가 사용했다면 바로 따돌림당했을 말. 요즘도 퀴어 어린이들이 사용했다가는 따돌림당할 말. 하지만 스트레이트 사람들은 맥락 없이 그런 말을 사용해도 무사하다.

이런 언어 또는 비속어는 '블랙 펨들Black femmes'에 의해 만들어진다. 블랙 펨이란, 흑인 트랜스 여성, 흑인 퀴어 남성, 논바이너리, 흑인 시스헷(cishet, 시스젠더 헤테로섹슈얼의 준말 – 옮긴이) 여성, 그리고 내가 깜빡했을지 모를 모든 사람을 포괄하는 용어다. 그런데 스스로 퀴어로 정체화한 사람들이 이 무수한 역사를 잊고 마치 퀴어 문화가 흑인 시스헷 여성들을 모방하는 것이라는 오해를 퍼뜨린다. 이는 사실이 아니다. 이렇게 지워진 역사 때문에 헤테로 커뮤니티는 퀴어 친구들에게 상처를 주는 언어를 마음대로 사용해도 된다는 '허가증'을 부여받는다.

그날부터 나와 하우넨차일드를 포함해 세 명의 친구가 허니차일드라는 말을 입에 달고 살았다. 나의 것이라 말할 수 있는 언어가 생긴 건 정말이지 신나는 일이었다. 엄마네 미용실에서 수다를 떠는 여자 어른들이 된 기분이었다. 힘과 자유가 생긴 것만 같았다.

이후 몇 주 동안 우리는 학교에서 만나 대화할 때든 따로 떨어져 있을 때든 시도 때도 없이 '허니차일드'라는 말을 썼다. 물론 나는 편한 친구들과 있을 때만 주로 그 말을 썼지만, 여자애들은 상대를 가리지 않았다. 얼마 지나지 않아 남자애들을 비롯해 우리 반 전체가 '허니차일드'라는 단어를 알게 됐다. 친구들끼리 공유하던 말이 순식간에 반 전체의 언어가 된 것이다. 좁은 교실에 갇혀 있던 그 말은 금세 밖으로 달아나 아이들 집에까지 퍼졌다.

어른들은 남자애가 왜 이렇게 '여성적인' 말을 쓰는 것인지 의아해했다. 안타까운 일이지만 어린아이의 창의력은 사회에서 용인하는 젠더 수행 기준에 맞지 않을 경우 비난받기 일쑤다. 만약 그 말을 여자애가 만들었다면 그렇게까지 난리가 나지 않았을 거다. 하지만 '허니차일드'라는 말을 만든 게 남자애라는 사실은 심각한 걱정거리가 됐다.

솔직해지겠다. 우리 반 학부모들이 그 단어 사용에 문제를 제기했다는 것은 순전히 나의 추측이다. 나 또는 엄마 아빠에게 직접 항의한 사람은 없었다. 하지만 지금껏 살아온 경험에 비추어 말하자면, 어른들은 예나 지금이나 '남성적'이지 않은 남자애들을 못마땅하게 본다.

듣기로는 우리 반 학부모 하나가 담임선생님에게 자기 자식이 그 단어를 사용한다고 항의하며 대체 어디서 나온 말인지 물었다고 한다. 선생님은 우리 엄마에게만 전화를 걸어 반 분위기를 고려해 내가 그 단어를 사용하지 않게 주의를 줄 수 있겠냐고 부탁했다.

그날 저녁 나는 엄마와 소파에 나란히 앉아 대화했다. "P 선생님이 그러는데 네가 '허니차일드'라는 말을 만들었다면서. 그게 무슨 뜻이니?"

나는 남자애들이나 여자애들이 자기 이름 대신 사용하는 말이라고 설명했다.

"애들이 다들 그 말을 써서 수업에 방해가 된다더라. 이제는 사용하지 않는 게 좋겠어."

남들과 다른 아이에게는 언제나 걸리는 '무언가'가 있다. 함부로 스위칭해서는 안 되고, 그런 말을 내뱉으면 안 되며, 이렇게 행동하면 안 된다는 무언가. 지워야만 하는 무언가가 늘 존재한다. 문제는, 그 무언가에 그 아이의 일부가 담겼다는 사실이다. 하지만 또다시 상처받는 두려움이 진짜 자신이 되는 행복보다 크다면, 결국 그 무언가를 지우는 선택을 하게 된다.

어린 시절의 언어란 참으로 신기하다. 아이들이 스스로 만들어낸 단어들, 자기들끼리 공유하는 언어는 흔히 무해하다고 여겨진다. 그런데 이 경우 내가 창조한 언어는 남성성을 위협하는 존재였다. 당시 나는 남성성의 의미를 오롯이 이해할 수도, 심지어는 철자를 쓸 수도 없을 만큼 어렸지만, 남성성은 그런 내가 마땅히 따라 살아야 하는 이상향이었다.

살면서 만난 어른들은 나를 위한 남성성이 무엇인지를 알려주었다. 나 같은 사람, 나처럼 '되바라진' 애 때문에 다른 아이들이 물들지 않도록 하는 건 그들에게 주어진 책임이기도 했다. 마치 나라는 존재가 다른 애들을 바꿀 수라도 있는 것처럼. 어른들은 정말 그렇게 생각했다. 내가 지어낸 말이 자기 자식의 정체성, 정확히는 자신들이 자식에게 바라는 정체성을 흔드는 위협이라고 믿었다.

요즘은 '허니차일드'라는 말을 떠올리면 그냥 웃음만 난다. 한때는 그렇게나 위험하게 여겨지던 것이 이제는 매일 신는 양말처럼 흔하디흔한 것이 되었다. 앞서 말했듯, 게이 언어가 사회 전체의 언어를 지배하고 있다. 내게 무기로 겨눠졌던 언어는 이제 수많은 사람이 사용하고 목격하고 즐기는 상품이 되었다.

다만 흑인 퀴어들에게는 예외다. 배제되어 만들어낸 언어를 우리가 사용하면 도리어 공격을 당한다. 어릴 때 내가 그랬던 것처럼 우리 중 그런 언어를 쓰는 사람은 쉽사리 표적이 된다. 우리가 끊임없이 형성하고 창조하는 문화 속에서 정작 우리는 우리로 살도록 용인되지 않는다. 우리는 우리를 억압하던 자들이 우리가 마주해야 했던 역풍은 전혀 받지 않으면서 우리 콘텐츠를 사용하는 것을 지켜보고만 있다.

'허니차일드' 문제로 딱히 화가 나지는 않았지만 받아들이기도 어려웠다. 그래서 그냥 "알았어요, 엄마"라고 대답했다. 엄마는 미소를 지었다. 나는 방으로 돌아와 다시 잠들 준비를 했다. 그리고 다시는 그 말을 입 밖에 꺼내지 않았다. 하지만 지금껏 단 한 번도 그 말을 잊은 적이 없는 걸 보면, 그때 일이 트라우마로 남았던 것 같다. 내 진짜 이름을 알게 된 순간을 평생 잊지 못하는 것처럼. 유치원 꼬마 시절 공격당했던 일을 평생 잊지 못하는 것처럼. 나는 그 기억이 표면 위로 올라오지 않기를 빌며, 그냥 마음속 어딘가에 욱여넣었다.

내가 나만의 언어를 만든 건 그때가 마지막이었다. 마음의 문을 완전히 닫은 건 아니었지만, 내가 여자애처럼 구는 게 문제라는 확신이 들었다. 무언가를 해서는 안 된다고 잔소리를 듣거나 혼나는 경우는 내가 여성적인 모습을 드러낼 때가 유일한 듯했다.

아이들은 잊지 않는다. 좋은 순간을 오래 기억하듯 나쁜 순간도 두고두고 간직한다. 또 아이들은 부모가 자녀를 사회 기준에 맞추려는 지도를 할 때 받는 스트레스의 무게를 함께 느낀다. 우리 엄마 아빠도 내게 그런 두려움을 전가했다. 두려움의 이유는 타당했다. 엄마 아빠는 내가 '있는 모습 그대로' 살 수 있도록 나를 위해 싸우고 싶어 했을 테지만, 나의 되바라짐이 나를 위험에 빠트릴 수 있다는 것 역시 잘 알았다.

감사하게도 엄마 아빠는 나 같은 자식을 키우다 보면 받게 될 곤란함을 생각하기보다 오직 내가 잘되기만을 바라며 나를 양육했다. 가끔은 두렵기도 했을 것이다. 내가 집을 떠나는 순간 더는 나를 보호할 수 없을 테니. 아마 엄마 아빠는 복잡한 감정을 느꼈을 것이다. 그들은 내가 아주 어려서부터 게이라는 사실을 알았지만, 그렇다고 단 한 번도 '게이 아들을 두들겨패는' 분들은 아니었다. 그 시절 두 분은 자신들이 아는 선에서 최선을 다했다.

그날 밤, 내가 진정으로 안전할 수 있는 곳은 상상 속뿐이라는 것을 절실히 깨쳤다. 평범한 꼬마애가 되려면 나의 젠더 정체성을 포기해야 했다. 그날도 억압은 지속됐다. 울고 싶어질 때는 웃음으로 그걸 덮었다. 치아를 가리고 웃는 가짜 미소는 진짜 내가 될 수 없는 괴로움을 가리는 수단이었다. 그날 나는 처음으로 가면이란 걸 썼다. 아무도 내 진짜 모습을 볼 수 없게, 내 얼굴을 가려주는 가면이었다.

4장
패그도 미식축구 할 줄 알아

"다운!" 하고 쿼터백이 외치면 내가 다니던 초등학교 남자애들이 죄다 자리를 잡는다. 그날 쿼터백이 누구인지는 운동장 어디에 있든 모를 수가 없다. 공격적인 열 살짜리 애들이 경기하는 모습은 프로 미식축구 저리 가라다. 쿼터백이 왼쪽을 봤다가 다시 오른쪽을 본다. 팀원들이 시작 위치를 잘 잡았는지 확인하는 거다.

"블루 42! …… 블루 42!"

"준비…… 시작!"

미식축구는 남자애들 하루의 하이라이트였다.

매슈 존슨이라는 이름의 남자애만 빼면. 매일 미식축구를 한다는 건 정말 끔찍했다. 또래 남자애들은 뭐랄까…… 너무 남자였다. 거칠고 터프하고 입에 욕을 달고 살았다. 나는 달랐다. 내게 그런 애들은 언제나 위협적이었다. 지나치게 당당하고, 남성적이고, 위압적인 유형의 그런 애들. 그런 애들을 보고 있으면 내가 얼마나 다른지가 실감이 났다. 학교에서 그런 애들을 만나는 것이 겁나지는 않았다. 하지만 그런 애들을 끊임없이 떠올리게 하는 존재가 집에 있는 것은 또 다른 문제였다.

나는 사촌형 라술과 그리 사이가 좋지 않았다. 내니 집에 있으면 자주 시비가 붙었다. 터울이 몇 살이나 나서 한 번도 형을 이길 수 없었다. 전형적으로 '애증'의 관계였다. 사람들은 자주 학교 불량배들에 대해 이야기하지만, 그 불량배와 한집에 사는 것에 대해서는 좀처럼 이야기하지 않는다. 내게 라술 형은 가장 든든한 보호자인 동시에 가장 고약한 적수였다.

어느덧 5학년이 된 나는 미식축구가 내게 맞지 않는다는 걸 알만한 나이였다. 여러 가지 이유로 내가 내린 결론은 이거였다.

내가 싫어서 안 하는 거야

다행히도, 누구나 기다리는 쉬는 시간을 때울 방법은 여러 가지였다. 미식축구에 흥미가 없는 애들은 농구를 했다. 학교 연못 바로 옆 검게 포장된 부지에 정식 규격의 농구장이 있었다. 양옆에서 차례를 기다리는 아이들이 머무는 대기 공간도 딸려 있었다. 그 옆으로 미식축구를 하고 놀 수 있는 대형 운동장이 펼쳐졌다. 나의 선택은 늘 변함이 없었다.

내가 싫어서 안 하는 거야

둘 다 관심이 없는 아이들은 나무 바닥재가 깔린 놀이터로 갔다. 몇 년 전 개조한 놀이터는 미끄럼틀, 그네, 공중 사다리, 평균대까지 모두 새것이었다. 우리는 아이들답게 그곳을 장애물 코스로 바꿔 사용했다. 당시 유행하던 텔레비전 쇼 〈아메리칸 글래디에이터American Gladiators〉(1989년부터 1996년까지 방영된 아마추어 운동선수 경연 프로그램 – 옮긴이)의 영향이었다. ……이 책을 읽는 독자 대부분은 이게 뭔 소린가 싶을 것이다. 〈아메리칸 닌자 워리어American Ninja Warrior〉의 20년 전 버전이라 하겠다.

두 사람이 동시에 미끄럼틀로 올라가 거기서 다시 사다리를 타고 내려간다. 다음으로 공중 사다리를 올라 반대편으로 간 뒤 착지해 평균대로 향한다. 평균대를 지났으면 다시 내달려 그네를 지나 결승선을 통과해야 한다. 나는 3학년과 4학년 내내 이 장애물 코스 놀이를 무척이나 좋아했다. 그리고 5학년이 됐을 때 결심했다.

내가 싫어서 안 하는 거야

그 무렵 운 좋게도 새로운 놀이를 발견했다. 동시에 돌아가는 두 개의 줄넘기로 하는 놀이였다. 줄넘기 하나는 시계 방향으로, 다른 하나는 시계 반대 방향으로 돌리면 줄이 땅에 닿을 때마다 규칙적으로 틱, 탁, 틱, 탁, 틱, 탁 리듬이 생긴다. 뛰는 사람이 실수로 줄에 엉키거나 다음 사람을 위해 줄 바깥으로 벗어날 때까지 놀이는 계속된다. 일명 더블 더칭Double Dutching이라고 하는 이 놀이가 매일 새로운 해방감을 가져다주었다. 나의 탈출 구였다.

우리는 애들이 저마다 놀고 있는 운동장이 내려다보이는 언덕 꼭대기에서 줄넘기 놀이를 했다. 꼭대기에서 보면 미식축구를 하는 남자애들이 바로 내려다보였다. 처음 언덕에 합류했을 때 여자애들은 나를 가르치려고 안달이었다. 줄넘기 하나로 뛰는 것은 체육 시간에 이미 수백 번도 더한 터였다. 그러나 줄넘기 두 개는 만만치 않아 보였다.

당연히 내 실력은 형편없었다. 일단 두 줄 사이로 들어가는 게 겁이 났다. 나는 늘 분석적으로 생각하며 상황을 파악하고 싶어 하는 아이였다. 내 머리로는 두 줄 사이로 뛰어들 엄두가 도무지 나지 않았다. 주변 여자애들을 잘 관찰하니 달리는 속도에 변화를 주어 줄 사이로 들어간 뒤 용케 줄에 걸리지 않게 제자리에서 폴짝폴짝 뛰었다. 나도 할 수 있을 것 같았다. 그리고 어느 날, 정말 그렇게 됐다.

내가 뛰어든 것이다

이 놀이는 내가 느끼는 여자다움의 감각을 건드렸다. 친구나 가족 앞에서 '되바라진' 모습일 수 없었던 내게 더블 더치은 시스템 바깥으로 나가는 작은 창구였다. 매일 30분씩 하는 그 놀이가 위안이 됐고 어느덧 줄넘기는 놀이 이상의 의미로 자리 잡았다.

나는 두 개의 페르소나 사이로 뛰어든 거였다. 내면에서 바라는 내 모습과 사회가 드러내라고 요구하는 내 모습 사이로. 실수로 줄에 걸려 다리에 부푼 자국이 남을 때마다 내 안의 자긍심도 함께 부풀었다. 줄넘기를 잘하려고 매일 노력하며 얻은 영광의 상처였다.

이 무렵 여자애들은 내니 표현을 빌리자면 '발육'했고, 간단히 말하면 가슴이 생기기 시작했다. 그래서 뛸 때 꼭 가슴을 부여잡았다. 그 모습이 우스워 속으로 낄낄대기는 했지만, 사실 그건 여자애들이 자신의 성장을 인정하는 방식이었다. 어떤 애들은 아직 가슴이 평평해 뭘 잡고 말고 할 것도 없었지만 나도 그애들을 따라했다. 그렇게 하면 나의 여성성 그리고 상상 속에 존재하는 여자아이와 더 가까워지는 기분이었다.

남자아이 중 나만 유일하게 더블 더칭을 했던 걸 보면, 그런 건 남자애가 해서는 안 되는 놀이였다. 남자애들이 놀림당하지 않고 더블 더칭을 할 공간 자체가 없기도 했다. 솔직히 애초에 줄넘기가 특정 젠더만 즐기는 놀이여서는 안 됐지만 여자애들은 언제나 별 불만 없이 나를 끼워줬다.

더블 더칭이 지극히 여자애다운 놀이였던 데에는 놀면서 부르는 온갖 재미있는 노래가 단연 큰 몫을 했다. 줄넘기를 하나만 돌릴 때는 언제나 이 노래를 불렀다.

테디 베어야, 테디 베어야
뒤를 돌아라!

테디 베어야, 테디 베어야

땅을 짚어라……

두 줄로 더블 더칭을 할 때 부르는 노래는 따로 있었다. 불경한 가사 때문에 내가 특히 좋아한 노래였다.

루시 양에게는 증기선이 한 척 있었네

그 증기선에는 방울이 달렸었지 (뚜, 뚜!)

루시 양이 천국에 갔네

증기선도 가서 말하길

안녕하세요, 전화 교환원이죠……

이 노래가 끝나면 '핫 페퍼' 놀이가 시작됐다. 양쪽에서 줄을 돌리는 애들이 뛰는 아이가 밖으로 빠져나가거나 줄에 걸릴 때까지 한껏 속도를 높였다. 그렇게 쉬는 시간을 다 보내고 나면 다들 줄에 맞아 팔다리 여기저기가 울긋불긋 부어 있었다. 그러나 그런 건 아랑곳하지 않을 만큼 재미있었다.

그러던 어느 날, 더는 정체성 사이를 뛰놀 수 없겠다는 사실이 뼈아프게 자명해졌다. 줄넘기 놀이를 하는 소년은 아무리 별뜻이 없었다고 한들 평범한 존재일 수 없었다. 남자애라면 당연히 흙먼지를 뒤집어쓰며 운동을 즐겨야 했다. 남자애들과 어울려 놀아야 했고, 여자애들을 짝사랑해야 했다. 여자가 되려고 노력해서는 안 됐다. 그런 날은 예상보다 훨씬 일찍 찾아왔다. 그리고 나는 인생 탐색의 방향을 영영 바꿔버릴 결심을 내렸다.

4월의 안온한 어느 날이었다. 학기가 거의 끝나가던 때였다. 점심시간은 늘 그렇듯 흥미진진했다. 나는 남자애들과 어울려 앉아 '남자애'다운 주제로 이야기하다 쉬는 시간이 되면 냉큼 여자애들 무리에 꼈다. 그렇게 코드 스위칭 하는 것, 동떨어진 두 공간을 오가는 것은 지극히도 일상적인 일이 돼 있었다.

그러나 안타깝게도, 그날의 쉬는 시간은 평소와 아주 달랐다. 우리는 놀기 위해 점심도 마다하고 커다란 이중문을 밀고 나갔다. 늘 그렇듯 애들은 각각 정해진 곳으로 흩어졌다. 마치 짠 것처럼 축구장으로, 농구장으로, 나무 바닥이 깔린 놀이터로 착착 움직였다. 나도 더블 더칭을 하러 언덕 꼭대기에 올랐다.

놀이를 시작하려는데 친구 토드가 축구장에서 언덕 꼭대기로 올라왔다. 토드는 내 어깨를 두드리며 잠시 이야기 좀 하자고 했다. 우리 둘은 여자애들과 멀찍이 떨어졌다. 토드와는 벌써 몇 년째 친구 사이였다. 조별 과세를 같이 했고 서로의 집에서 몇 번 잔 적도 있었다. 흑인이 많은 학교에 흔치 않은 백인 아이였지만 토드는 친화력이 좋았다. 다들 토드를 멋진 아이라고 생각했고, 나는 그런 토드와 친구여서 좋았다.

토드는 다른 남자애들이 뒤에서 내 이야기를 한다고 했다. 남자애들의 이야깃거리가 되는 것에는 일찍이 익숙해졌지만, 토드가 찾아와서 말할 정도면 분명 상황은 심각했다. 남자애들이 내가 여자애가 되고 싶어 한다며 쑥덕거리고 몇몇은 나를 '패그'라고 부른다고 했다. 속이 뜨거워졌다. 분노가 아니라 공포 때문이었다. 나는 애들끼리 언쟁하거나 게이가 아닌 듯한 애들이 패 것이라고 놀림당하는 것을 자주 보았다. 그런 경우 대개는 몸싸움이 벌어졌다. 패것이라고 불리면 그 순간 덤벼들거나 달아나는 반응을 보여야 했다. 그런 실랑이에서 비켜서는 것은 나약함의 상징이자 정말 게이임을 시인하는 행동으로 받아들여졌다.

문제는, 그런 비속어로 불리는 내가 정말로 여성적인 특징들을 전시하고 전형적으로 여자애들이 하는 행동을 하고 있다는 거였다. 나는 자라는 동안 전통적으로 여성적이라 여겨지는 특징들 사이에서 균형을 잡으며 스스로 나의 안전을 가늠해야 했다. 여성성의 테두리 안으로 들어갈수록 괴롭힘은 심해질 것이었다.

나는 패것이라고 불리는 것을 끔찍이도 싫어했다. 그렇게 불리면 늘 몸이 반응했다. 온몸 신경이 곤두섰다. 예전부터 내가 그렇게 불린다는 걸 알고는 있었지만, 누구도 내 앞에서 대놓고 말한 적은 없어 애써 모른 척했다. 이번에는 그럴 수 없었다.

이 문제는 나는 물론 나와 어울리던 토드에 관한 것이기도 했다. "끼리끼리 논다"는 말을 생각하면 그랬다. 남자애들이 나를 패것이라고 부른다는 건 나와 어울리는 애들도 언제 그렇게 불릴지 모른다는 뜻이었다. 어른이 된 지금도, 나와 친한 스트레이트 친구들은 섹슈얼리티에 대한 질문을 받는다. 그저 나와 친구라는 이유 하나만으로. 호모포비아에 가담하는 어른들은 그와 똑같은 아이들을 만들어낸다.

호모포비아는 퀴어의 행복을 부정한다. 나는 스포츠를 좋아하고 전통적으로 '남성적'이라 여겨지는 활동을 즐기는 퀴어가 틀림없이 많다고 믿는다. 하지만 그들은 신뢰할 수 없는 사람들과 교류하는 두려움 때문에 그 즐거움을 억누른다. 세상 사람들은 아무리 재능이 있어도 퀴어라면 환영받을 수 없다는 것을 아주 분명히 드러내왔다. 축구, 야구, 농구 선수가 99.9퍼센트 이성애자일 리가 없는데, 많고 많은 선수가 호모포비아 때문에 벽장 안에 갇혀 있다.

우리는 대학 미식축구에서 최고의 선수였던 마이클 샘Michael Sam이 섹슈얼리티 문제로 악마화되는 것을 지켜봤다. 미식축구처럼 남성적인 스포츠에 퀴어함을 포용하지 못한 주류문화의 무능력함은 그에게 일생에 한 번뿐이었을 기회를 앗아갔다. 재능이 부족해서가 아니었다. 가끔은 짊어져야 할 무게가 지나치게 버거울 때가 있기 마련이다. 자신의 인간성이 문제시되는 공간에서의 삶은 삶이라고 말할 수 없다. 그건 그냥 생존이다. 우리는 생존 이상의 삶을 영위할 자격이 있다.

토드는 자신에게 해결책이 있다고 했다. "오늘 우리랑 같이 미식축구 하자. 하루만 하면 그 애들도 너를 그렇게 부르지 않을 거야." 그 순간 나는 일단 무사히 넘어가고 보자는 것 말고 다른 생각이 떠오르지 않았다. 이때 '무사히'는 남들 입에 오르내리지 않는 것을 의미했다. 나는 여자애들을 돌아보며 오늘은 같이 줄넘기 놀이를 못할 것 같다고 했다.

이건 내 선택이 아니야

나와 토드는 함께 비탈을 내려가 운동장으로 향했다. 그곳에는 남자애 열다섯 명 정도가 모여 경기를 기다리고 있었다. 모두 아는 얼굴이었다. 몇몇과는 친구 사이였지만 편안함을 느낄 만큼 가깝지는 못했다. 누군가 "미식축구 해본 적 있어?"라고 물었다.

"응. 사촌형들이랑." 나는 이렇게 대답했다. 긴장되는 순간이었다. 나는 더블 더칭처럼 내가 좋아하는 것을 할 권리를 부정하는 남자애들에게서 인정을 구하고 있었다.

하지만 정말로 미움받고 싶지 않았다. 나는 삐삐 마른 남자애였고, 이제는 대신 싸워줄 사촌형들도 없었다. 형들은 이미 중학생이었으니까. 학교생활을 잘 해내려면 이런 선택을 내려야 했다. 비록 내가 진정 좋아하는 것들을 멀리 밀어내야 할지라도, 잠시나마라도 호감을 사고 싶었다.

사실 나는 주말마다 스포츠를 하고는 있었다. 사촌형들은 매주 나를 학교 운동장으로 데려가 농구와 야구, 그리고 미식축구를 가르쳐줬다. 형들과 있을 때는 그런 게 재미있었고 아무런 압박도 없이 즐길 수 있었다.

하지만 지금은 나의 생존이 달려 있었다. 우리는 운동장에 서 있었고, 나는 일곱 명의 아이들과 함께 공격을 맡게 됐다. 쿼터백이 경기 대형을 짰고 작전 회의까지 마쳤다.

"다운!"

쿼터백이 왼쪽을 봤다가 다시 오른쪽을 봤다.

"블루 42! …… 블루 42!"

"준비…… 시작!"

나는 다섯 발자국을 내달려 옆으로 빠진 뒤 비스듬히 날아가는 로켓처럼 대형에서 벗어났다. 그러고 내 쪽으로 날아오는 공을 잡았다. 다음에 일어난 일은 지금 생각해도 믿기지 않는다.

한 아이가 나를 막으러 왔지만 나는 꿈쩍도 하지 않았다. 두 번째, 세 번째 애가 달려들어도 버텼다. 순식간에 셋이 덤볐지만 끝내 쓰러지지 않았다. 그렇게 모두를 끌고 엔드존으로 향했다. 무게는 느껴지지도 않았다. 당시 내 마음속에는 내가 다른 애들만큼 터프하며 스포츠를 잘한다는 걸 증명하고픈 동력이 작동하고 있었다. 우리를 지켜보던 주변 애들은 이내 난리가 났다.

같은 편을 먹은 애들이 달려와 환호했다. 우리는 하이파이브를 하고 악수를 했다. 상대편이 공격할 차례가 됐다. 다들 내가 얼마나 '터프'한지 떠들어댔다. 내게는 이게 초등학교 생활 최고의 순간이었다. 내가 스포츠를 잘할 뿐 아니라, 그 재능이 괴롭힘을 막아준다는 사실을 비로소 깨쳤으니까.

그렇게 나는 미식축구와 농구를 시작했다. 그런 스포츠를 결국 좋아하게는 됐지만, 그날 이후 줄넘기 놀이를 못해서 무척 슬펐다. 어린아이였음에도 나는 만족감보다 안정감이 우선이라는 것을 깨달았다. 그날 이후 나는 언덕 아래 운동장에서 남자애들과 어울리려 애쓰면서도 자주 언덕 꼭대기를 올려다보고는 했다.

마침내 남자애들 무리에 낀 기분은 묘했다. 애들은 여자애들에 관해 떠들고, 욕을 지껄이고, 터프가이처럼 굴었다. 경험한 애는 없었지만 섹스 이야기도 나왔다. 그때 나는 남자 사람 친구가 몇 있었지만 그 우정이 가능했던 건 내가 성적이 좋고 약간 웃긴 구석이 있으면서 험담shade(아직 shade란 은어가 쓰이던 때는 아니었지만)에 재주가 있기 때문이었다. 그런데 이제는 남자애들이 진심으로 나를 호감 있게 볼 이유가 생겼다.

이제 나는 쉬는 시간에 남자애들이 제일 먼저 찾아오는 아이는 못 되어도 마지막까지 남겨지는 아이도 아니었다. 그건 의미가 있었다. 내 여성성을 애들이 눈감아줬다는 뜻이었으니까. 잠시나마 위안이 됐다. 그 시절에는 애들끼리 하는 스포츠에서 형편없으면 충분히 '남자답지' 못하다고, 소년이 응당 그래야 하는 모습답지 않다고 여겨졌다. 사회는 뻔뻔하게도 어린아이의 삶에도 '남자다움manhood'을 주입했다.

몇 년을 그럭저럭 보낸 끝에 나는 미식축구 대신 육상에 재미를 붙이게 됐다. 굉장한 남성성을 요구하는 스포츠가 아닌 데다 실제로 달리는 게 좋아서였다. 중학교에 가서는 육상에 빠져 살았다. 학교에 정식 육상팀은 없었지만, 매년 전국 중학교가 참가하는 육상 경기 대회가 크게 열렸다. 체육 선생님이 가장 우수한 학생들을 선수로 뽑았는데 나는 2년 연속 선수로 선발됐다.

고등학교에 가서는 3년 내리 육상팀으로 활동했다. 주 종목은 허들이었다. 3학년 때는 팀 내 최고득점자이기도 했다. 한번은 신문에 이름이 실린 적도 있었다. 나는 자부심을 느꼈다.

굴절되었을지라도 필요한 길이었다. 가족과 대화할 때 불편한 화제를 모면하려고 가끔은 스포츠를 방패막이 삼았다. "연애는 좀 하니?"라는 질문보다 "요즘 육상은 잘하고 있어?"라는 질문이 훨씬 덜 부담스러웠다.

행복을 발견하는 것은 분명 중요한 문제다. 가끔은 행복을 찾기 위해 자신을 가둔 테두리 바깥으로 나가야 할 때가 있다. 비록 다른 방법이 없어 어쩔 수 없이 스포츠에 입문하게 됐지만 덕분에 그간 억눌러온 두려움을 터놓을 수 있었다. 사실 나는 스포츠가 싫었던 게 아니라, 불편한 사람들과 어울리는 것이 두려웠다. 스포츠를 좋아하면서도 사람들과 몸을 부대끼며 뛰어다니는 걸 끔찍이도 싫어한 이유가 그거였다. 달리기는 내가 스포츠에 참여하는 동시에 안전하고 나다울 수 있음을 알려줬다.

흑인 퀴어 어른이 된 지금은 스포츠를 좋아한다는 이유로 오히려 놀림을 받는다. 게이가 스포츠를 싫어한다는 농담은 사실 거의 언제나 거짓이다. 나를 이곳 아니면 저곳에만 가두는 정체성에 묶일 필요는 없다. 그런 양자택일은 호모포비아에 힘을 실어줄 뿐이다. 미식축구를 잘하는 동시에 더블 더칭을 잘할 수도 있다. 실제로 나는 지금까지도 미식축구와 더블 더칭을 무척 잘하는 사람이다. 그러나 중요한 건, 내가 그중 어디에도 얽매이지 않는다는 사실이다. 꼭 둘 중 하나가 될 필요는 없다.

5장

'정직한 에이브'의 거짓말

유치원 때부터 6학년까지 내가 다닌 F. W. 쿡 학교는 뉴저지 플레인필드 언덕 꼭대기에 있어서 학교 정문까지 가려면 긴 오르막으로 된 진입로를 따라 걸어야 했다. 학생들이 매해 겨울마다 진입로 양쪽에 튤립을 심어서 봄이 되면 튤립이 피는 걸 볼 수 있었다. 유치원 시절 싸움의 트라우마가 남았지만 나는 학교생활을 참 좋아했다. 지금도 교가가 생생히 기억난다.

숲 옆에 둥지를 틀고
탑이 밝게 빛나는 곳
운치와 매력이 넘치는 우리 학교라네
우리가 옳은 것을 배우는 곳
어린 시절이 지나면
법과 책을 붙들고 살겠지만
우리의 마음은 프레데릭 쿡에서 보낸

쿡 학교는 우리 가족 역사에서 빼놓을 수 없는 곳이자 고향과도 같다. 집안 어른들까지 죄다 그 학교를 나왔으니 우리가 그곳의 주인이라 해도 과언이 아니다. 적어도 우리는 그렇게 생각했다. 리틀 럴, 라술, 나, 그리고 동생 개릿은 서로 겹치는 시기에 쿡 학교에 다녔다. 사촌인 릭과 버나드, 또 내니가 돌봤던 몇몇 아이(내니는 언제나 누군가의 아이를 돌봤다)도 전부 쿡 학교를 거쳤다. 우리는 세트로 묶여 움직였다. 가족은 서로 보호하는 거라는 가르침을 받으며 자랐고, 실제로 그렇게 서로를 지켰다.

학교 복도에는 위인들의 초상화가 일렬로 전시되어 있었다. 조지 워싱턴, 알베르트 아인슈타인, 토머스 제퍼슨, 벤저민 프랭클린은 우리나라 최고의 위인과 지도자를 배울 때마다 빠지지 않고 등장하는 이름이었다.

학생 대나수가 흑인이있지만 벽에 걸린 흑인 얼굴은 몇 없었다. 마틴 루서 킹 주니어Martin Luther King Jr., 해리엇 터브먼Harriet Tubman, 로자 파크스Rosa Parks 정도가 백인 얼굴 사이사이에 껴 있었다. 백인과 흑인 위인은 똑같이 '선한' 인물들로 그려졌다. 제퍼슨과 워싱턴이 노예 소유주였다는 사실은 대충 뭉개졌다. 노예제를 옹호한 로버트 E. 리Robert E. Lee가 묘사되는 방식과는 딴판이었다. 역사의 묘사 방식은 참 재미있는 구석이 있다.

우리는 우리를 노예에서 해방시킨 에이브러햄 링컨을 사랑하고 존경해야 한다고 배웠지만 어째서 마틴 루서 킹 주니어가 노예해방 100년 후에도 우리의 시민권을 위해 투쟁해야 했는지에 관해서는 전혀 의문을 품지 못했다.

미국 역사를 빛낸 백인 조상들만 실컷 배우다가도 1년에 딱한 번, 우리 흑인 학생들을 위한 때가 돌아왔다. 2월 1일만 되면 얼마 없던 백인 학생들은 어울리지 않는 곳에 와 있는 것처럼 어색해 보였다. 대뜸 상황이 역전되어 우리가 중심에 놓인 듯했다.

내가 받은 K-12 교육은 흑인 커뮤니티를 억압하는 수많은 시스템을 거울처럼 비췄다. 흑인 아이들을 가르치는 건 대부분 백인 교사였다. 교장부터 생활 지도 교사까지 우리 주위에는 온통 백인 권위자들이 있었다. 흑인 교사는 몇 없었다. 흑인 어른들은 대부분 수위, 급식 담당자, 행정 직원이었다. 그 어른들이 권력이 있는 자리에 있어도 문제 될 건 없었을 것이다. 그런 직업에 문제가 있다는 건 아니지만, 흑인 어른이 교사로, 관리자로 일하는 걸 봤다면 더 좋았을 것이다. 우리가 '중심'에 놓인다는 것은 우리와 비슷한 위인들에 대해 배운다는 뜻이었다.

1월 31일까지 복도에는 혼합된 미국의 역사가 전시됐다. 거기에는 꼭 알아야 하는 흑인 위인이 몇 명 있었다. 그런데 2월 1일에 학교에 가면 밤새 조상들이 다녀가기라도 한 것인지 복도 전체가 흑인의 역사를 기리는 공간으로 변해 있었다. 크리스마스 이브까지만 해도 텅 비었던 트리 아래에 크리스마스 아침만 되면 선물이 잔뜩 쌓여 있는 것을 보았을 때의 감정이랄까? 바로 그것이 흑인 역사의 달이 우리에게 주는 감정이었다. 2월은 28일(가끔은 29일) 동안 이어지는 크리스마스였다.

흑인 역사의 달은 즐거움의 달이었다. 나를 비롯해 대다수 학생이 우리 역사를 배우며 굉장한 자긍심을 느꼈다. 한번은 흑인 위인에 대한 글을 읽는 시간이 있었다. 내가 고른 인물은 맬컴 X(Malcom X)였다. 우리는 갈색 종이 가방을 잘라 조끼를 만들었다. 그런 뒤 거기에 인물에 관해 기억할 말들, 그들 인생에서 중요한 날짜와 정보 등을 적었다. 우리는 조끼를 입고 교실 앞으로 나가 각자의 '흑인 영웅'을 발표했다.

그때 나는 언젠가 나도 세상에 알려질 사람이 되리라는 느낌을 받았다. 뭐로 유명해질지는 감이 잡히질 않았지만. 생각해보면, 내 안에는 언제나 내가 중요한 사람이 되리라는 믿음이 있었다. 금융가나 변호사가 아니더라도 누구나 아는 그런 사람. 흑인 아이들이 배우는 주제와 인물들에게서 자기 자신을 발견하는 것은 대단히 중요하다. 때로는 자신과 같은 사람이 이전에 존재했다는 걸 깨달아야만 자신이 존재하고 있다는 걸 깨닫기도 한다.

그러나 내가 보고 자란 교사들은 죄다 백인이었다. 초등학생 때 담임선생님은 한 명도 빠짐없이 백인이었다. 흑인 교사였던 차일스와 로빈슨 선생님은 '질 안 좋은 학생들'만 맡는 것으로 소문이 자자했다. 우습게도 백인 담임의 반 학생은 전부 흑인이었다. 아마 그 시절 나는, 스트레이트 아이들이 나 같은 애를 멀리하라고 배우는 것처럼, 나 자신과 나를 분리하라고 배운 게 아닐까 싶다. 억압의 강도에 차이가 있을 뿐.

흑인 역사의 달은 금방 지나가서 매번 달콤쌉싸름한 맛을 남겼다. 백인 역사의 달은 따로 필요하지 않았다. 어차피 늘 배웠으니까. 담임선생님 한 명이 여러 과목을 가르쳤으므로 역사 시간은 날마다 돌아왔는데, 주로 백인 조상들이 어떻게 미국을 건국했는가에 대해 배웠다. 나는 그런 역사를 무척 재미있어했다. 그때는 그게 정말 나의 역사라고 생각했기 때문이다.

그리고 정말 그랬다. 다만 내가 배운 내용대로는 아니었다.

3학년 때 학교에서 연극을 하게 됐다. 〈이 땅은 당신들의 땅〉, 대충 이런 제목이었는데, 전교생이 역사 속 위인을 맡아 인종간 화합을 보여주는 데 목적이 있었다. 운 좋게도 나의 퀴어함이 배우의 면모를 톡톡히 발휘한 덕에 나는 주연인 에이브러햄 링컨 역할을 따냈다. 흑인 아이인 내가 미국 6대 대통령을 연기하다니. 그것도 흑인을 해방한 위인이 아니던가. 잊지 못할 순간이었다. 나만큼 친구들도 다들 기대에 부풀었다.

우리 학교는 체육관이 공연장을 겸했다. 체육관 내부 농구장 뒤편에 무대가 설치돼 있었는데 보통 거기서 시상식이나 철자법 대회가 열렸다. 그날, 체육관은 나의 무대가 되었다. 많은 관객이 앉을 수 있게 체육관 바닥에 의자가 깔렸다. 공연의 막이 올랐다. 떨렸지만, 대사야 잘 외우고 있었고, 연기할 준비도 돼 있었다.

연극은 추수감사절 장면으로 시작했다. 우리가 배운 바에 따르면 그 시절에는 아메리칸 인디언이고 청교도고 할 것 없이 모두가 어우러져 살았다. 추수감사절이 다가오면 학교 벽에는 어김없이 그림 한 장이 걸렸다. 그림 속 아메리칸 인디언들은 신대륙에서 첫 번째 추수감사절을 맞이한 청교도들과 음식을 나눠 먹고 있었다.

(깊게 숨을 들이마신다.)

다만 그림에서 빠져 있는 부분은, 메이플라워호에서 내려 처음 땅을 밟은 청교도들이 겨울 대비를 미처 못했다는 이유로 아메리칸 인디언들의 음식을 약탈했다는 사실이다. 또 백인 정착민들이 달고 온 질병에 옮아 수많은 아메리칸 인디언이 목숨을 잃었다는 사실이다. '평화'란 생존 전략일 때가 허다하다.

(내쉰다.)

정말이지 미국 역사는 가장 위대한 허구다.

연극은 금세 독립전쟁과 미국 건국 초창기로 넘어갔다. 흑인 아이들과 백인 아이들이 각각 워싱턴, 프랭클린, 제퍼슨 등의 위인으로 분장하고 나와 연설했다. 독립선언서와 헌법을 노래하며 재연하기도 했다.

연극 말미에 드디어 내가 무대에 올라 노예해방령을 읊기 시작했다. 사실 연극 무대에 노예제가 등장한 건 아니었다. 나는 빨간색, 하얀색, 파란색이 반짝이는 재킷을 입고, 머리에는 펠트 모자를 쓰고, 턱에는 가짜 수염을 달았다. 멜빵바지까지 갖춰 입으니 완벽하게 미합중국을 체현한 인물이 되었다. 내 대사가 끝난 뒤 우리는 모두 무대에 나와 시 한 편을 낭송했다.

그 순간 얼마나 행복했는지 모른다. 흑인을 위해 역사 속 어느 시민운동가나 대통령보다도 대단한 업적을 남긴 위인을 내가 연기하다니. 자긍심이 차올랐다. 그가 살해당한 이유 중 하나는 그가 노예들을 해방하기로 결심했기 때문이었고, 그 덕에 140년이 흘러 내가 백인 학생들, 교사들과 나란히 설 수 있었다.

나는 에이브러햄 링컨의 편이었다. 선생님이 수업에서 25센트, 5센트, 10센트, 1센트 동전을 보여주던 날이 기억난다. 25센트, 5센트, 10센트 동전에 새겨진 대통령들은 모두 왼쪽을 보고 있지만 1센트에 새겨진 링컨은 오른쪽을 보고 있었다.

꼭 나머지 대통령들이 링컨을 등진 것처럼 보였다.

링컨은 가장 값이 싼 동전, 구리로 만들어져 유일하게 유색 동전인 1센트에 새겨진 인물이었다. 내게 에이브러햄 링컨은 진정으로 흑인을 위한 위인이었다. 기억하기로 흑인 학생들 중 에이브러햄 링컨을 존경하지 않은 아이는 없었다.

4학년이 돼서도 계속 미국 역사를 배웠다. 한번은 폴 리비어Paul Revere를 조사해오라는 숙제가 있었다. 폴 리비어는 독립 전쟁의 서막이었던 영국 군대의 진격을 미국인들에게 처음 알린 인물이었다. 선생님은 조를 짜서 이 사건을 묘사하는 시를 만들어오라고 했다.

조원들은 대부분 몰랐을 테지만, 그 시절 나는 음지의 래퍼였다. 또 에피소드를 꺼낼 때가 되었다! 말했듯 이 책은 에피소드들로 채워졌다. 엄마의 형제 럴 삼촌은 실제로 래퍼였다. 일명 '거친 거리의 시인 랩 천재 럴'로 불렸다. 생긴 것도 꼭 라킴Rakim을 닮았다(궁금하다면 한번 찾아봐라. 그가 힙합의 제왕이라는 사실을 꼭 기억해주길). 우리는 삼촌이 뉴저지 곳곳에서 공연이나 행사를 할 때 따라다니곤 했다. 삼촌은 뮤직비디오를 찍은 적도 있다. 사촌형 리틀 럴과 라술도 랩을 꽤 하는 편이다. 그러니까 우리 가족에 래퍼 DNA가 흐르는 셈이다.

따라서 나는 시가 아닌 랩을 지어 조원들에게 들려줬다. 처음부터 끝까지 가사를 쓴 뒤 어떻게 리듬을 타야 하는지도 직접 알려줬다. 우리 조에는 백인 남자애 둘이 있었는데, 기억하기로 그 애들은 꽤 애를 먹었다. 그래도 흑인 조원 하나가 그 애들을 보통 수준으로 만들어줬다. 마침내 우리 조가 교실 앞에 섰다. 친구가 비트박스를 시작했다. 내가 가사를 썼으니 도입부는 나였다. "귀를 열고 들어봐. 폴 리비어 이야기의 의미를."

우리는 돌아가며 한 벌스씩 뱉은 뒤 마지막에 다 같이 코러스를 불렀다. 박수갈채가 쏟아졌다. 선생님은 랩이 무척 마음에 들었는지 다음 날 전교를 돌아다니며 랩을 선보이게 했다. 다시 말하지만, 그 시절 백인 위인에게 경의를 표하는 데에는 일말의 부대낌도 없었다. 그들이 우리를 진정으로 위했다는 렌즈로 그들을 배웠기 때문이다.

재미있게도 역사 공부는 학교 환경이 어떤지, 교사가 누구인지에 따라 천차만별로 달라진다. 교사가 역사를 보는 방식뿐 아니라 학생을 어떻게 보는지, 학생이 역사 속 어느 위치에 놓이는지에도 영향을 받는다.

중학교에 입학한 뒤 초등학생 때 배운 역사관이 요동치기 시작했다. 중학교 선생님들은 전부 흑인이었고 학생들도 압도적으로 흑인이 다수였다. 우리는 노예제를 포함한 역사를 비로소 배우게 됐고 워싱턴, 제퍼슨 같은 위인에게 그리 위대하지 못한 역사가 존재한다는 걸 알게 됐다. 선생님들은 우리에게 미국에서 흑인으로 살아간다는 것이 진정 무슨 의미인지를 알려주고 싶어 했다. 로널드 H. 브라운 글로벌 이슈 학교에서 벌어진 일이다.

1992년 로널드 브라운Ronald Brown은 민주당전국위원회 의장을 지내면서 빌 클린턴이 처음 대통령에 당선되는 데 큰 역할을 했다. 그 공을 인정받아 아프리카계 미국인 최초로 상무부 장관이 됐다. 이걸 짚고 넘어가는 건 의미가 있다. 백인 커뮤니티는 오랫동안 모든 방면에서 흑인의 진보를 막아왔기 때문이다. 지금까지도 제도권에서는 '흑인 최초의 무엇……'이 탄생하곤 한다. 의미심장한 일이다.

물론 핼리 베리Halle Berry가 아카데미 여우주연상을 탄 것은 대단한 일이었다. 그러나 지금까지도 그 상을 탄 흑인은 핼리 베리가 유일하다. 해티 맥대니얼Hattie McDaniel이 여우조연상을 받았을 때 그건 분명한 진보로 여겨졌다. 하지만 그날 해티 맥대니얼은 짐 크로법 시대의 인종 분리를 고수하며 백인의 입장만 허용하던 시상식장 건물에 들어가 상을 타기 위해 특별 면제 조치를 받아야 했다. 노예 소유주였던 조지 워싱턴이 최초의 백인 대통령이 되고 219년이 지나서야 혹은 에이브러햄 링컨이 노예해방선언에 서명하고 145년이 지나서야 오바마가 최초의 흑인 대통령이 된 것 또한 대단한 일이었다. 이런 상징적 사건들은 사람들에게 희망을 주는 동시에 실질적 변화를 가로막기도 한다. 권력자들이 "여러분이 이곳에 오기까지 우리가 너무 오래 앞길을 막았군요"라고 인정하는 대신 "봐요, 벌써 여기까지 왔네요"라고 말할 명분을 주기 때문이다.

안타깝게도 로널드 브라운의 삶은 비극적으로 끝이 났다. 1996년 4월 무역 협상차 이동 중에 그와 서른두 명의 승객을 태운 비행기가 크로아티아 산비탈에 추락했다. 그를 기리기 위해 내가 살던 도시에 그의 이름을 딴 학교가 세워졌다. 언젠가 잊힐 '흑인 최초의' 업적을 남긴 사람을 위해 우리가 할 수 있는 최소한의 도리였다. 공립학교이긴 했으나 입학하려면 지원해 심사를 받아야 했다. 교사들과 학생들에게 그 학교에 다닌다는 것은 의미가 컸다. 학교의 목표는 로널드 같은 미래의 지도자를 육성하는 것이었다.

학교는 사명감이 투철했다. 백인 미국의 역사를 훨씬 덜 강조하는 대신 흑인 미국의 역사를 더 조명했다. 노예제에 대해서도 배웠다. 남북전쟁 곁다리로 배우던 요약본과는 달랐다. 우리 조상들이 실제로 어떤 일을 겪었는지, 그 과거가 우리가 사는 현대 사회에 어떤 역할을 하는지 알게 됐다.

에이브러햄 링컨이 알려진 것과 다른 인물이란 사실도 배웠다. 노예해방선언을 공부하면서 역사책에 실리지 않은 링컨의 발언을 접했다. 실은 그가 흑인 미국인들과 평등권 투쟁을 경멸했다는 내용의 발언들이었다. 어째서 우리에게 마틴 루서 킹 주니어가, 맬컴 X가, 메드가 에버스가 필요했는지, 100년이

지나도록 왜 매번 흑인 운동가가 필요했는지 비로소 그 이유를
알게 됐다. 노예해방이 선언됐다고 우리가 정말 해방된 것은 아
니었다.

역사책에 한 번도 실리지 않은 듯한 링컨의 속내는 아주 많
았다. 리얼리티쇼 〈애틀랜타의 진짜 주부들The Real Housewives of
Atlanta〉 속 칸디의 입을 빌리자면, 나의 기분은 이랬다. '거짓말,
거짓말, 거짓말!'

- 이 싸움에서 나의 최우선 목표는 북부를 살리는 것이지
  노예제를 존속하거나 파괴하는 것이 아니다. 노예해방
  없이 북부를 살릴 수 있다면 그 길을 택할 것이고, 모든
  노예를 해방해야 북부를 살릴 수 있다면 그 길을 택할 것
  이다. 일부만 해방하고 나머지는 노예로 두더라도 그렇
  게 해서 북부를 살릴 수 있다면 그럴 것이다.

- 덧붙여 말하자면 백인과 흑인 간에는 신체적 차이가 존
  재한다. 이 차이를 고려해 두 인종이 사회와 정치 평등의
  관점에서 함께 어우러져 사는 것은 영구적으로 금지되어
  야 한다.

- 그렇게 살 수 없어 함께 살아가는 동안은 우월과 열등의
  지위가 필히 존재해야 하며, 나 역시 다른 사람들과 마찬
  가지로 백인에게 우월의 지위가 주어지는 것에 찬성한다.

- 단언컨대 나는 백인과 흑인이 어떤 식으로든 사회적, 정치적 평등을 이뤄야 한다는 주장에 찬성한 적이 없다.

- 나는 직접적으로든 간접적으로든 미국에 존재하는 노예제를 훼방할 목적이 없다. 내게는 그렇게 할 법적 권리도, 그러고 싶은 의향도 없다.

중학교 시절은 흥미진진했다. 퀴어 정체성을 최대한 억누르는 동시에 흑인 정체성을 마음껏 껴안은 때였으니까. 나의 흑인 정체성은 10대 시절의 사상을 급진적으로 만들었고 흑인 역사를 화이트워싱하려는 움직임에 적극적으로 반항하게 했다.

이런 이중생활을 위해 나는 끊임없이 투쟁해야 했다. 현재에 충실한 흑인이 되려면 스트레이트가 되어야 한다는 압박을 매 순간 느꼈다. 눈물을 감추려고 미소와 웃음으로 꽉 찬 가면을 써야 했다. 많은 흑인이 그런 가면을 쓰고 살았다.

> 우리는 웃음과 거짓의 가면을 쓰네
> 볼을 감추고 눈을 가리는 가면
> 이는 인간의 교활함에 우리가 치러야 할 빚
> 찢기고 피 흘리는 마음으로 우리는 웃네
> 입에는 모호한 말들을 무수히 담으며

폴 로렌스 던바Paul Laurence Dunbar의 시는 내 영혼을 울렸다. 던바는 흑인 역사의 달만 되면 유독 빛나는 영웅 중 하나였다. 이 시를 가르친 선생님들은 얼마나 많은 아이가 실제로 이런 경험을 했는지 짐작하지 못했을 것이다.

중학교를 졸업할 무렵 흑인 역사와 이 나라 인종 문제에 대한 내 시각은 완전히 달라져 있었다. 고작 열네 살밖에 되지 않았으나 사회 눈에 흑인 '남성'이 어떻게 비치는가를 똑똑히 인지하게 됐다. 로드니 킹Rodney King 폭행 사건이 얼마나 인종차별적이었는지, O. J. 심슨O. J. Simpson 판결이 얼마나 논란을 촉발했는지도 깊이 각인됐다. 흑인들에게 심슨 판결은 웬만해서 흑인 남성을 무고로 풀어주지 않는 사법체계를 상대로 거둔 몇 안 되는 승리로 기억된다. 백인 여성을 살해한 혐의를 받는 흑인에게 사법체계는 특히 무자비하다. 뉴욕에서 발생한 애브너 루이마Abner Louima 사건은 내가 사는 동네에서도 연일 뉴스를 도배했었다. 애브너 루이마는 경찰 넷에게 폭행당했고 배관 청소 도구로 직장이 파열되는 가혹 행위를 당했다. 당시 10대였던 나는 흑인 소년에서 흑인 남성으로 자라는 것이 인간으로서 얼마나 고된 일인가를 어렴풋이 헤아릴 수 있었다.

경찰관이었던 아빠는 경찰관 자식이라고 해서 경찰이 흑인 소년을 대하는 방식에서 안전할 수 없으리라는 것을 잘 알았다. 그래서 엄마 아빠는 피해자 통계에 내가 더해지는 일이 없도록 일찍부터 처신하는 법을 가르쳤다. 흑인 가족들에게는 전해져 내려오는 '옛날이야기'란 것이 있다. 새나 벌꿀에 관한 것이 아니라 비흑인과 교류하는 것의 위험을 경고하는 이야기다. 그런 사람들은 흑인 소년을 만나면 최악의 경우를 가정하곤 한다.

엄마는 두 아들에게 흑인으로서 자긍심을 심어줬다. 다른 가족들은 그런 양육 방식을 내심 걱정했다. 우리가 제2의 앤절라 데이비스Angela Davis나 휴이 뉴턴Huey Newton(1960년대 흑인 민권 운동에 앞장선 인물들 - 옮긴이)이 될까 봐서가 아니었다. 당시 우리 형제가 잔인한 진실을 주워들을 만큼 나이를 먹었기 때문이었다. 그래도 나는 더 많은 부모가 적어도 역사 교육에 관해서는 우리 엄마 같았으면 좋겠다고 생각한다. 흑인 아이들이 집에 돌아와 흑인 작가의 글을 읽고 흑인의 유산을 깊이 있게 알 수 있었으면 한다. 학교에서는 그런 걸 좀처럼 배우지 못할 테니까.

한번은 엄마가 이렇게 말했던 기억이 난다. "내 아들들은 자기들의 역사를 알게 될 거야. 역사를 가르치려드는 백인들을 너무 믿지 마." 그렇다고 엄마가 기존 교육 제도를 경멸했던 것은 전혀 아니었다. 그저 엄마는 우리가 더 많은 것을 배워야 한다고 믿었다. 수로 백인 경찰들과 일하던 아빠노 같은 생각이었다.

내니가 들려주던 옛날이야기 중에 내가 특히 좋아했던 것은 왕할머니, 그러니까 내니 할머니의 일화였다. 하루는 KKK 단원들이 왕할머니 집에 들이닥쳤다. 왕할머니는 얼른 총을 챙겼다. 이 이야기를 들려줄 때 내니는 이불 아래 숨은 왕할머니가 단원들의 신발만 보고도 누구인지 알아맞혔다는 대목을 빼먹지 않았다. 그날 밤 본 신발들은 왕할머니가 낮에 손수 닦은 것들이었다. 그러니까 그 신발의 주인들은 왕할머니가 하녀로 일하던 집의 백인 남자들이었다.

내가 그런 핏줄을 물려받았다니, 그렇다면 나의 피에도 두려움에 맞설 용기가 흐른다는 뜻이었다. 고등학교에 입학한 후로, 내게는 그만큼, 아니, 그 이상의 용기가 필요했다.

하룻밤 사이에 나는 다수에서 소수자가 됐다. 나는 뉴저지 에디슨에 있는 비숍 조지 아르 고등학교에 입학한, 보여주기식 흑인 학생 중 하나였다. 가톨릭학교인 그곳은 학생 대다수가 백인 아니면 필리핀인이었다. 학생 인종 구성이 역전된 것은 내가 공립학교에서 사립학교로 진학한 결과였다. 입학하려면 어느 정도 성적이 따라줘야 했을 뿐 아니라 약간의 *재력*도 받쳐줘야 했다. 그곳에는 은근한 인종차별이 만연했다. 니거라고 불리는 일은 없었지만, 인종차별이 짙게 밴 이상한 질문을 받았다.

"빈민가에 살아?

"너네 가족 빈민가 출신이야?"

"머리 진짜야? 만져봐도 돼?"

*미세공격*은 내가 겪은 일의 학술적 용어다. 간단히 말하면 소외 집단에 속했다는 이유로 상대를 모욕하고 무시하는 행위다. 대놓고 n****라거나 fa*라고, 또는 그 둘로 동시에 호명하지 않는다는 점에서 '미세'한 공격이지만 은근한 방식으로 상대의 다름을 환기한다. 어떤 때는 거의 무해하고 순진하게 들리지만, 착각이다. 그런 사소한 것들도 시간이 흐르면 눈덩이처럼 불어나기 마련이다. 작은 편견들이 자라나 하나의 고정관념을 이룬다. 미세공격은 결국 노골적인 인종차별이나 호모포비아로 이어

진다.

비흑인 아이들이 흑인 아이들의 신경을 긁을 작정으로 부정적이거나 거들먹거리는 식의 질문을 던지는 것 역시 미세공격에 해당한다. 그런데 가끔은 자신이나 자신의 문화가 모욕당하고 있다는 걸 눈치채지 못할 만큼 아주 미세한 공격이 들어오기도 한다. 기억하자. 어떻게 느껴지건 의도보다 결과가 중요한 셈이다. 당신은 실험실에 전시된 쥐가 아니다. 어떤 질문을 들었는데 잘못 들었나 싶어 눈살을 찌푸리게 되거나 얼굴이 뒤틀린다 싶으면, 바로 그게 미세공격을 당했다는 증거일 것이다.

10학년 때 최악의 미세공격을 당한 적이 있다. 미국사 시간에 늘 나오던 주제, 그러니까 워싱턴, 제퍼슨, 그리고 노예제에 대해 배우는 중이었다. 당시 고등학교는 흑인 역사의 달이 아니어도 흑인 역사를 가르치기로 방침을 바꾼 터라 노예제를 심도 있게 다뤘다. 수업 진도는 자연스레 노예제에서 노예해방으로, 여성 권리 운동으로, 시민권 평등 운동으로 이어졌고, 꼭 마지막은 "우리가 이룬 이 진보를 보아라" 식의 교훈으로 끝났다. 그러나 그 무렵 달라진 게 있다면, 열여섯 살 가까이 된 내가 이전에 품지 않은 질문을 품게 됐다는 거였다. 선생님이 노예제를 가르치면서 "당시에는 다 그랬다"는 표현을 썼고, 나는 그걸 문제 삼았다.

인종차별과 호모포비아, 그 밖에 사람들이 스스로 용서한 과거의 일들을 이야기할 때, 그들은 으레 "당시에는 그게 규범"이었다는 핑계를 댄다. 무언가가 과거의 '규범'이었다고 말해버리면 그것이 현재에 미친 효과를 외면할 수 있다. 법이나 시대가 바뀌었다고 혐오가 바로 중단되지 않는다는 사실을 지워버리는 것이다. 사람들은 자신들 안에 얼마나 많은 혐오 사상이 버무려져 있는지 받아들이고 싶지 않아서 또는 자신들에게 특권을 부여하는 사회 구조로부터 받은 혜택을 인정하기 싫어서 그런 평계를 댄다.

선생님 발언도 다를 게 없었다. 심지어 그는 교실에서 그런 말을 했다. 내가 있는 교실에서! 나는 고등학생 때도 역시나 되바라진 아이였고 의견을 강하게 내는 편이어서 친구들은 차마 꺼내기 두려운 말을 내가 대신 해주길 바랐다.

나는 "당시에는 그랬다"는 말로 노예제를 간단히 짚고 넘어가려 한 선생님에게 강하게 항의했다. 백인이 다른 인종을 노예로 만든 선택에 대해서는 왜 아무 말도 하지 않는 거지? 당시에도 노예제를 잘못이라고 인식한 노예 폐지론자들과 퀘이커 교도들이 분명 존재했다. 그럼 어째서 나머지 백인들은 그 잘못을 몰랐던 건데?

선생님은 이렇게 해명했다. "지금은 용납할 수 없는 것들이 과거에는 많았단다. 내가 그 시절에 살았다면, 아마 나도 노예를 뒀겠지."

교실이 싸해졌다.

백인 아이들조차 충격을 받은 눈치였다. 선생님의 발언보다 태도가 더 충격적이었다. 아무렇지 않다는 듯한 태도. 속이 뜨거워졌다. 분노의 감정이었다. 나는 진짜 화가 나면 눈물이 나는

데, 당시 분노가 그만큼이나 큰 게 나 스스로도 느껴졌다.

고맙게도 다른 친구 하나가 나서서 문제를 제기했다. 그러나 선생님은 못 들은 척했다.

평정심을 되찾은 내가 대답했다. "그건 아니죠. 선생님이 나도 노예를 뒀을 거라고 말하는 건 잘못됐어요." 선생님은 우물쭈물하더니 "그냥 넘어가자"는 말로 대화를 끝냈다.

가톨릭학교에 다닐 때 나는 목소리 내는 걸 두려워하지 않았다. 솔직히 말하면 '내가 아니면 누가 목소리를 낼까?' 하는 마음도 있었다. 어쩌면 10대의 반항심이었을 수도 있지만, 그건 활동가로서 나의 출발점이기도 했다. 어쩌다 사회운동을 하게 됐냐는 질문을 받을 때 나는 보통 이렇게 대답했다. "태어나 처음으로 누군가를 위해 싸울 때 그 누군가는 나 자신이다"라고. 내가 나를 위해 싸우지 않으면 누가 대신 싸워주겠는가? 그렇게 나는 그날도 우리 모두를 위해 목소리를 낸 사람이 됐다.

가톨릭학교의 환경은 공립학교와 전혀 달랐다. 공립학교에서는 학생들끼리 다툼은 물론 학생이 교사에게 말대꾸하는 일도 심심찮게 발생했다. 학생들은 교사에게 맞서는 일을 두려워하지 않았다. 하지만 가톨릭학교 교사들은 예의를 중시했고 교실에서 누군가 자신을 '위협'한다고 느끼면 지체하지 않고 경비를 호출했다. 그런 환경에서 유색인종과 퀴어 학생들이 목소리를 낸다는 건 당연히 어려운 일이다. 이런 이중잣대를 요즘은 '학교에서 감옥으로 가는 파이프라인school-to-prison pipeline'이라고 부른다. 이 표현에는 똑같이 말썽을 일으켜도 흑인 학생이 백인 학생보다 더 엄한 처벌을 받는다는 함의가 담겨 있다. 내가 학교에 다니던 시절에는 그런 일이 비일비재했다. 백인 학생이 무언가를 발언하면 위협적으로 여겨지지 않았으나, 흑인 학생이 같은 말을 하면 전혀 다르게 받아들여졌다.

흑인 아이들은 자신이 백인 교사 또는 권위자에게 질문을 할 경우 자신의 안전이 위험해지거나 반항의 표시로 비칠 수 있다는 걸 알고 있다. 그렇기에 흑인 아이들이 목소리를 내지 못하는 데에는 타당한 이유가 있다고 할 수 있다. 그럼에도, 무언가가 당신을 사무치게 괴롭힌다면, 그것에 맞설 권리가 당신에게 있다는 걸 알아야 한다. 어디까지 맞설 수 있을지는 오직 자신만이 알고 있다.

정직한 에이브가 거짓말했다고 말할 때의 의미는, 어린 시절 내가 사랑한 역사가 진짜 역사가 아니었다는 뜻이다. 나는 링컨을 비롯한 많은 역사 속 백인 위인이 수백 년간 흑인에게 가해진 억압과 전혀 무관하다고 믿도록 교육받았다. 어찌 보면 미국의 역사는 미디어에서 말하는 *대안 역사* 그 자체인지도 모른다.

청소년이 된 후로 어린 시절 내가 알았던 백인의 역사는 엉터리였다는 게 드러났다. 그걸 통해 내가 얻은 최고의 교훈은 구멍이 있어 보이는 모든 것을 의심하라는 거였다. 말이 앞뒤가 맞지 않는다 싶으면 두려워 말고 거침없이 질문을 던져야 한다. 가르치는 사람이 선뜻 대답해주지 않는다면, 직접 진실을 파헤쳐야 한다.

나는 무언가에 관심이 생기면 일찍이 그 문제를 언급한 조상이 있는지 꼭 찾아본다. 나의 모든 행위가 그들이 남긴 업적으로 좌우되지는 않지만, 그들의 업적을 알고 나면 내가 훨씬 나은 위치에 놓인다는 것을 알아서다. 나에게 역사란 소외에 맞서 싸우는 도구다.

흑인다움과 퀴어함, 그 밖에 정체성을 누르는 억압에 맞서 싸울 때 가장 든든한 도구는 바로 제대로 된 교육이다.

우리에게 함부로 거짓을 지껄이는 세상에서 지식만큼 날카로운 도구는 없다.

정직한 에이브는 당신을 속였다.

나는 그러지 않을 것이다.

6장
카우보이 부츠를 신고 수영할 순 없어

아이에게 방학식 날은 1년 중 최고의 순간이다. 생일과 크리스마스는 논외로 치더라도, 그날부터는 숙제도 없고, 더는 일찍 일어날 필요도, 시험과 스트레스를 걱정할 이유도 없는, 놀기만 하면 되는 방학이 시작되니까. 물론 학교는 학교답게 여름방학 동안 읽어야 하는 책을 몇 권 지정해줬지만 나는 미루고 미루다 마지막 주가 되어서야 부랴부랴 책을 집어들곤 했다.

엄마 아빠는 두 분 다 일을 했고 갓 열 살이 넘은 나는 동생 개릿과 단둘이 집에 있기엔 너무 어렸다. 그래서 우리는 지루하기로 악명이 높은 플레인필드 여름 캠프에 보내졌다. 캠프 스태프들이 아니라 활동이 지루했다. 독서, 미술, 공예 시간이 이어졌고, 금요일에는 동물원이나 수족관에 갔다. 어쩌면 우리가 지루해했던 건 그런 활동이 아니었을지도 모른다. 아홉 달 동안 학교 시스템에 갇혀 있다 나왔는데 곧바로 또 다른 시스템에 들어간 게 질렸던 것일지도.

여름 캠프는 방학의 절반이 다 가도록 이어졌다. 나머지 절반 동안 우리를 돌보는 몫은 다시 내니에게 주어졌다. 그 무렵 리틀 럴과 라술 형은 10대 청소년이 되었기에 예전만큼 자주 만날 수 없었다. 형들은 일을 했고, 여자친구를 만났다. 우리 형제와 놀 겨를 없이 분주했다.

하지만 내니는 매해 여름방학이 되면 무조건 모든 손주를 데리고 뉴저지와 우리 부모를 떠나 일주일 동안 여행을 다녔다. 내니와 손주들은 비행기로, 열차로, 어떤 때는 자동차로 전국을 여행했다. 나는 그 여행이 무척 그립다. 그때는 당연하게 여겼던 여행인데.

지금 돌이켜보면, 그중 내가 제일 좋아한 여행은 캘리포니아로 떠났을 때였다. 우리는 대부분 그때 처음 비행기를 타봤다. 비행은 여섯 시간밖에 되지 않았으나 영원히 하늘에 떠 있는 기분이었다. 우리는 좌석을 바꿔가며 창밖 너머 구름을 구경하느라 나른 승객들을 귀찮게 했다. 캘리포니아에는 나와 개릿의 대모인 오드리 이모가 살았다.

오드리 이모네 수영장에서의 기억이 지금도 잊히질 않는다. 그해 여행에는 리틀 럴과 라술의 이복 자매이자 나의 사촌인 시에라가 함께였다. 어느 날 오후, 우리는 모두 수영장에 나가 놀았다. 그때 튜브를 끼고 있던 시에라가 갑자기 물에 빠져 허우적댔다.

리틀 럴이 헤엄쳐 시에라 쪽으로 갔다. 리틀 럴은 시에라를 진정시키려 했으나, 시에라가 심하게 몸부림치는 통에 이내 같이 허우적댔다. 라술과 내가 두 사람이 허우적대는 수영장 한가운데로 가서 두 사람을 바깥으로 끌어냈다.

이 책을 쓰는 지금까지도 그 순간을 생각하면 웃음이 난다. 하지만 그날 이후 물에 대한 공포가 생기고 말았다. 그 뒤로 나는 수영장 파티에 가도 수영하며 노는 애들과 멀찍이 떨어져 웬만해서는 물에 들어가지 않았다. 들어가더라도 얕은 물에만 머물렀다.

캘리포니아 여행이 최고의 기억으로 남은 것은 그곳에서 내니와 진정한 유대감을 쌓았기 때문이다. 디즈니랜드에 가기 전날, 내니가 우리 모두에게 새 운동화를 사주겠다고 했다. 1992년 아니면 1993년 여름이었다. 당시 최고로 유행하던 브랜드는 크로스 컬러스Cross Colours였다. 우리 또래는 무조건 크로스 컬러스였다. 하지만 나는 아니었다.

사촌들은 모두 새 크로스 컬러스를 장만할 기대에 부풀어 운동화 가게에 들어섰다. 내니가 나한테도 하나를 고르라고 했을 때 나는 운동화를 사고 싶지 않고 대답했다.

"그럼 뭘 사고 싶은데?" 내니가 물었다.

"카우보이 부츠요."

사촌들은 나를 눈이 세 개 달린 괴물처럼 쳐다봤다. 내니는 전혀 동요하지 않았다. 그저 잠잠히 이 상황을 지켜봤다. 오드리 이모가 물었다. "맷, 진짜 카우보이 부츠가 사고 싶어?"

나는 다시 한번 내가 뭘 좋아하는지 분명히 말했다. "네. 카우보이 부츠를 원해요."

사촌들이 나를 설득하기 시작했다. 신발 상자에서 새로 산 크로스 컬러스를 꺼내 내 얼굴에다 들이밀며 "맷, 이게 요즘 제일 잘나가는 운동화야. 너까지 신으면 우리가 얼마나 닮아 보이겠어!"라고 했다. 사촌들은 나도 그 운동화를 사야 한다며 성화였다. 물론 나도 그 신발이 싫은 건 아니었다. 그렇지만 카우보이 부츠가 더 사고 싶었다.

아무도 내 말을 귀담아듣지 않는다는 사실에 슬슬 짜증이 났다. "운동화 말고 카우보이 부츠를 신고 싶다고요." 눈물이 날 것 같았다. 말했다시피 나는 화가 쌓이면 눈물이 나버리는 편이었다. 그걸 알아차린 내니가 단호하게 말했다. "맷이 원한다니 사주자꾸나. 오드리, 카우보이 부츠를 살 수 있는 곳으로 가자." 그 말에 나는 방긋 웃었고 내니도 나를 보며 웃어줬다. 우리 가족은 그렇게 한 번씩 나를 웃게 만들었다. 우리는 다 함께 카우보이 부츠를 사러 갔다.

부츠 가게는 웨스턴풍이었고 아무리 둘러봐도 흑인은 우리뿐이었다. 사촌들은 어리둥절해했지만 가게에 들어서자마자 내 얼굴에는 화색이 돌았다. 가게 안을 쓱 둘러보는데 어느 부츠 한 켤레가 바로 눈에 들어왔다. 흰색 실로 박음질하고 앞코를 은색 캡으로 마감한 검은색 부츠. "이걸로 할래요." 태어나서 이렇게 멋진 부츠는 처음이었다. 은색 캡이 어찌나 반짝이는지 거울처럼 내 얼굴이 비칠 정도였다. 특이했지만 나와 딱 어울리는 부츠였다. 돋보이고 내 안의 별난 부분을 표현해주는 부츠. 나는 어떻게든 녹아들려 애썼지만, 내면에서는 밖으로 튀어나가려는 마음과 치열하게 싸우고 있었다. 튀는 부츠를 고른 것은 소소하게나마 그런 마음을 표출하는 방법이었다.

내니가 점원에게 내 발에 맞는 3 사이즈 부츠를 부탁했다. 키가 큰 백인 점원은 갈색 카우보이 부츠에 카우보이모자를 쓰고 있어서 서부영화에서 막 튀어나온 사람 같았다. 말씨에는 남부 억양이 묻어났고 무척 친절했다. 부츠를 신어보니 다시 벗기 싫었다. 부츠는 종아리 높이까지 왔고 굽이 살짝 있어서 걸을 때 또각또각 소리가 울렸다. 착화감은 그야말로 완벽했다. 내 안의 남자아이와 여자아이 모두를 만족시키는 부츠였다. 카우보이는 남자다운 느낌을 주었고, 굽은 엄마 구두를 신었을 때의 느낌을 줬다. 두 세상의 가장 좋은 면만 섞어 놓은 듯했다.

하지만 내니는 부츠는 내일 신고 지금은 도로 운동화를 신어야 한다고 했다. 결국 나는 부츠를 다시 넣은 뒤 활짝 웃는 얼굴로 상자를 들고 가게를 나섰다. 다음 날, 나는 세상에서 가장 부끄러운 사촌이 되어 디즈니랜드를 활보했다. 모두가 똑같은 티셔츠에 똑같은 바지를 차려입고 새 운동화를 신었지만, 나 혼자만 카우보이 부츠였다. 나는 언제나 튀는 아이였다. 사촌들은 우스꽝스럽게 보이는 나 때문에 열을 냈지만, 그날 나는 정말 행복했다.

1997년 여름, 내니는 우리와 이스트 코스트를 여행하기로 결심했다. 뉴저지에서 버지니아를 들러 사우스캐롤라이나로 이동한 뒤 최종 목적지인 머틀 해변까지 가는 일정이었다.

이번 여행에는 나와 개릿, 리틀 럴, 라슐, 그리고 먼치 이모가 동행했다. 내니와 여행할 때는 어떤 일이 닥칠지 종잡을 수 없다. 우리는 날마다 쇼핑을 했고, 온갖 놀이공원에 갔고, 새벽같이 일어나 밤늦게 잠들었다. 대부분 무척 즐거운 시간이었다.

내니는 우리가 복을 받았다고 했다. 이런 경험을 못하는 애들이 수두룩하다는 거였다. 평생 자기가 태어난 주, 심지어는 도시 바깥으로 나가지 못하는 애들이 많았다. 내니는 자기 자식과 손주들이 그렇게 살기를 절대 원치 않았다. 내니는 우리가 그렇게 살지 않는 아이들일 뿐 아니라, 학교의 백인 친구들만큼 사치를 누리는 아이들로 키우려 했다.

머틀 해변에 도착한 우리는 해변에 딸린 가설 건물로 들어가 게임을 했고 판자 산책로를 거닐었다. 다음 날에는 미니어처 골프장에 갈 예정이었다. 내니와 우리는 점심을 먹고 준비를 마친 뒤 아직 나오지 않은 먼치 이모를 기다리고 또 기다렸다. 삼십 분. 한 시간. 한 시간 반. 체감상 두 시간쯤 지나서야 이모가 나왔다. 우리는 웃음을 터트리고 말았는데, 이모 모습이 이전과 다를 게 하나도 없어서였다. 먼치 이모는 그런 사람이었다. 쿨하고, 똑똑하고, 독특한 사람, 그리고 늘 만사가 태평한 사람. 내니는 이모의 그런 점을 질색했다.

그날 저녁 우리는 미니어처 골프장에서 즐거운 시간을 보냈다. 정확히 말하면 첫 번째 홀을 지난 다음부터 즐겁게 시간을 보냈다. 첫 주자는 나였다. 나는 골프장에 간 게 처음이라 텔레비전에서 본 대로 골프채를 세게 휘둘러야 하는 줄 알았다. 안타깝게도 주변 사람들은 내 골프 실력에 대비할 틈이 미처 없었다. 결국 먼치 이모 얼굴이 무방비로 당하고 말았다. 나는 타이거 우즈 저리 가라 할 만큼 크게 골프채를 휘둘렀고, 그만 이모가 쓰고 있던 안경을 부숴버렸다.

이모는 순간 욱했으나 금세 진정한 뒤 이렇게 타일렀다. "그렇게까지 할 필요는 없어." 나는 사과한 뒤 두 번째 스윙은 훨씬 점잖게 휘둘렀다. 호텔로 돌아오고 나서도 시간이 넉넉했다. 내니는 호텔 수영장 조명이 아직 환하게 켜져 있으니 가서 좀 더 놀아도 된다고 했다.

나와 리틀 럴, 라슐은 수영장으로 가서 수심이 3미터쯤 되는 쪽에 섰다. 리틀 럴과 라슐 둘 중 한 명이 이렇게 말했다. "맷, 아직도 수영을 배우고 싶어?" 형들은 수영을 무척이나 잘했다. 또 사촌형들이 대개 그렇듯 동생에게 수영을 가르치고 싶어 했다. 우리의 어린 시절은 영화 〈스탠 바이 미Stand by Me〉의 장면을 빼닮았다. 주연이 흑인 꼬맹이 네 명이라는 점만 빼면 말이다. 아니면 만화 〈패밀리 가이Family Guy〉에 더 가깝다고 해야 할까? 어쨌거나 하루하루가 흥미진진했다.

나는 어리벙벙한 표정으로 형들을 바라보며 "응-"이라고 대답했다.

"그럼, 어디 한번 해봐!"

나는 냅다 떠밀렸고 풍덩 소리와 함께 물에 빠졌다. 그리고 허우적대며 물 밖으로 빼꼼 얼굴을 내밀었다.

이 대목을 읽고 놀랐대도 이상한 일이 아니다. 들리는 것만큼이나 위험한 일이었으니까. 일단 나는 정말로 수영하는 법을 몰랐다. 캘리포니아 여행이 불과 몇 년 전이었다. 그동안은 수영장에 갈 일이 있으면 얕은 곳에만 머물렀고, 조금이라도 수심이 깊은 곳으로 들어갈 때는 반드시 팔 튜브를 착용했다. 이건 실제 상황이었고, 나는 겁에 질렸다.

위에 있는 형들은 3미터 깊이의 물에 빠진 나를 쳐다만 보았다. 처음에는 무서워서 어쩔 줄 몰랐으나 얼마 지나고 보니 내 몸이 물에 둥둥 떠 있다는 걸 깨달았다. 가라앉지 않으려는 몸부림이 수영할 줄 모른다는 두려움을 이긴 것이다. 나는 계속 물 아래에서 발버둥치며 수면 위로 얼굴을 내밀었다. 떠밀려가지도, 가라앉지도 않았다.

45초쯤 지나서야 형들이 물에 뛰어들어 내 곁으로 왔다. 얼굴에 뿌듯한 미소가 걸려 있었다. 형들은 나를 수영장 가로 밀고 갔다. 나는 그제야 숨을 몰아쉬었다. 이윽고 형들은 한 명은 수심 깊은 곳에 한 명은 얕은 곳에 자리했다. 그날 밤 나는 두 형이 지키는 자리를 오가며 몇 번이나 헤엄쳤다. 그날 형들에게는 재미있게 노는 것보다 내게 수영을 가르치는 것이 더 중요했다.

형들 사이를 왔다 갔다 하면서 내 수영 실력은 점점 더 발전했다. 물장구와 함께 두려움도 물 아래로 서서히 가라앉았다. 한 바퀴를 돌 때마다 자신감이 커졌다. 지극히 10대다운, 어이 없는 코칭법이었지만(누구에게도 추천하고 싶지 않다) 내게는 통했다. 그날 밤 형들은 나를 냅다 물에 빠트리고는 내가 내면의 가장 큰 두려움을 정복할 때까지 내 곁을 지켜줬다.

우리는 느지막이 수영장을 빠져나와 위층 방으로 돌아갔다. 나는 내가 해낸 일에 아주 신이 났고 형들도 마찬가지였다. 형들은 거칠고 투박한 방식으로 수영을 가르쳐줬다. 그뿐만이 아니었다. 형들이 내게 가르친 것은 나 스스로 싸우는 방법이었다. 그리고 필요할 때면 언제나 자신들이 내 곁에서 나를 지지해줄 것임을 함께 알려줬다.

정말로 형들은 나의 유년기와 청소년기 내내 언제나 내 곁에 있어 줬다. 우리가 패거리에게 습격당하던 날, 형들은 나를 지키려고 끝까지 싸웠다. 내가 카우보이 부츠를 사겠다고 할 때 불만스러워했지만 누군가 별난 사촌동생을 위협했다면 분명 가만두지 않았을 것이다.

어쩌면 그날 밤 나는 물에 빠져 죽었을 수도 있다. 로즈 핵먼Rose Hackman의 〈가디언〉 기사에 따르면, 인종 분리 정책이 폐지된 후 공공 수영장에서는 흑인 아이들의 익사 사고가 백인 아이들의 사고보다 세 배나 자주 발생했다고 한다. 물질적이고 문화적인 자원의 부족, 그리고 인종차별이 원인으로 작용했다. 웃기게도 이 나라에서는 백인 아이들이 당연히 누리는 많은 것을 흑인 아이들은 여러 세대가 지나도록 애써서 힘겹게 쟁취해야 한다. 흑인에게 물은 언제나 복잡미묘한 의미를 갖는다. 물에 대한 두려움은 노예제 역사로까지 거슬러 올라간다.

나의 조상들은 아무것도 보이지 않는 배에 짐짝처럼 실려 이 나라에 왔다. 그러나 배에 부딪히는 물소리만은 들을 수 있었다. 상상컨대 수많은 조상이 죽기 전 마지막으로 들은 소리가 아마 물살이 치는 소리였을 것이다. 노예 쇠사슬을 풀어낸 조상 중 많은 수는 다시 결박되느니 차라리 바다로 몸을 내던지는 선택을 했다.

좀 더 최근의 미국 역사로 가보자. 인종 분리 정책이 폐지되어 공공 수영장들이 통합되자 흑인 인구가 모여 사는 동네의 수영장들은 대부분 시멘트로 메워지거나 문을 닫았다. 이 때문에 흑인 가족과 아이들은 수영을 배우기가 쉽지 않았다. 이런 병적인 현상들이 우리 사회에 만연하다. 우리 커뮤니티의 결점, 부족함 또는 약점을 살펴보면, 그곳에는 어김없이 우리를 억압하려고 만들어놓은 시스템이 있다.

과거의 모든 것에는 의미가 있고 그것들은 미래에까지 영향을 미친다. 사촌누나가 물에 빠져 죽을 뻔한 것을 본 후로 나는 물에 들어가는 것을 겁냈다. 좀 더 나이가 들어서는 엄마 역시 물에 빠진 적이 있어 수영장 근처에 얼씬도 하지 않는다는 것을 알았다. 어쩌면 그래서 엄마가 자식들에게 수영 가르치는 일에 소홀했던 게 아닌가 싶다. 수영이 꼭 필요하다는 생각을 미처 못한 것이다. 모든 것은 연결돼 있다. 한 가족의 궤적을 바꿔놓으려면 오명이나 반복되는 패턴을 끊어낼 누군가가 필요하다.

나는 포기하고 가라앉는 대신 물에 떠 있으려고 발버둥쳤다. 그 시절 실제 내 삶은 그런 모습이었다. 끌려내려갈 때마다 위로 박차고 올라갔다. 내니와 함께한 여름방학은 나 자신이 되기 위한 싸움으로부터의 해방구였다. 내가 섞일 수 없는 환경에서 빠져나와 사랑뿐인 공간에 나를 두는 것. 아무 조건 없이 나란 사람을 사랑해주는 곳에 머무르는 것.

매일 눈을 뜰 때마다 수영장에 던져지는 기분이었다. 나는 30년 넘게 가라앉지 않으려 수영할 결심을 해야 했다. 물살이 너무 거세져서 또는 물에 떠 있기가 너무 버거워서 수영을 포기한 흑인과 퀴어 친구를 많이 알고 있다. 제대로 수영하는 법, 생존을 위해 자신을 보호하는 법을 배우지 못해 가라앉은 친구가 너무 많다.

우리가 날마다 스스로 물어야 할 질문은 이것이다. 수영할 준비가 됐는가? 아니면 바로 오늘이 내가 가라앉을 날일까? 선택은 각자에게 달렸다. 그러나 서글프게도, 매일 흑인 퀴어의 목숨을 앗아가는 세상에서는 이 선택을 항상 우리가 할 수 있는 것은 아니다. 그럼에도 나는 매일 수영한다. 아침마다 물안경을 쓰고 인종차별과 호모포비아, 그리고 나를 끌어내리려는 온갖 억압의 심해 속으로 다이빙한다.

이 세상에는 물속으로 손을 뻗어 우리를 안전하게 뭍으로 끌어올려줄 리틀 럴, 라술, 내니 같은 사람이 많지 않아 보인다. 사람들이 흑인 퀴어들을 억누르는 모습을 그저 말없이 지켜보는 사람만 허다하다. 언젠가는 우리 모두 결심해야 한다. 사람들에게 수영하는 법을 가르칠 것인가, 아니면 가라앉도록 내버려둘 것인가?

순경 그레고리 존슨(부친)이 플레인필드 경찰서 경사로 진급하던 날.
아들 G.G.(첫째), 조지와 함께

동생에게

고맙다. 흑인 남자애들은 이런 식으로 감정을 터놓지 않지. 그러니 이 편지가 대단한 애정의 표현이란 걸 독자들이 알아줘야 할 텐데.

우리는 서로에게 사랑한다고 말하지는 않아. 말보다는 행동으로 그걸 보여주니까. 우리는 서로를 돌보면서 애정을 증명했어. 거의 언제나 한마음인 것도 애정의 증거고. 설령 마음이 엇갈릴 때도 우리는 금세 화해할 수 있지.

너에 대한 기억은 나 자신에 대한 기억과도 거의 일치해. 멀리 떨어진 대학에 가기 전까지 우리는 늘 함께였어. 엄마 아빠는 늘 우리가 함께 있도록 했지. 우리는 세 살 터울이었지만 꼭 붙어 다녔어. 동네 애들과 함께 뛰어놀았고, 함께 자전거를 탔고, 또 그냥 둘이 놀기도 했어. 의무감 때문이 아니라 그러는 게 좋았으니까.

이제부터는 네가 좀 부끄러워질지도 몰라. 네 별명은 '무트Moot'였어. 나는 그게 멋진 별명이라고 생각했지만 너는 일곱 살 때부터 그 별명을 참 싫어했지. 중간 이름인 새뮤얼도 마음에 들어 하지 않았고. 난 그 이름도 좋았는데! 아무튼 나는 네가 늘 부러웠다. 자기 생각이나 감정을 거리낌 없이 표현할 줄 아는 애였거든. 아주 어릴 때부터 너는 힘들어 하던 나와 달리 스스로 결정을 척척 내릴 줄 알았어.

어렸을 때 같이 목욕하던 게 생각난다. 살갗이 쪼글쪼글해질 때까지 물거품 속에서 액션 피규어를 갖고 놀았지. 그러다 나와서 잠에 들곤 했어. 우린 이층 침대를 썼지만 위층은 늘 내 차지였어. 내가 형이었으니까. 사실, 나는 그게 언제나 마음에 걸렸어. 위층을 쓰고는 싶었지만, 또 네가 서운해하는 건 싫었거든. 그래서 텔레비전 채널 선택권을 너에게 줬나 봐. 우리는 온종일 스포츠센터 채널을 봤어. 자연스레 나도 스포츠를 좋아하게 됐고 잘 알게 됐지. 나는 네가 잠들 때까지 기다리다가 '닉앳나이트' 채널을 틀어서 〈딕 밴 다이크〉나 〈아이 러브 루시〉 같은 쇼 프로를 보곤 했어. 난 진짜 이상한 애였어.

그럴 필요 없다는 것도 알고 네가 요청한 적도 없지만, 나는 네가 내 동생이란 이유로 받아야 했던 압박감에 대해 사과하고 싶어. 내가 평생 패것으로 불리며 부당한 대우를 받아온 게 너한테 어떤 식으로 영향을 줬을지는 상상할 수밖에 없지만, 네가 그런 이름으로 불리지는 않았을지라도 애들은 나라는 존재를 이용해 네 신경을 건드렸을 거야. 나는 내 정체성을 숨기려 부단히 애썼지만 다른 사람들에게는 그게 빤히 보였으리란 걸 잘 알아.

죄책감 때문인지 어떤 면에서 나는 너에게 과잉 보상을 하려고 애썼던 것 같아. 다른 부분에서 부족한 형이었으니까. 나는 여자애들에 관해서, 또 연애 요령에 관해서 조언해 줄 수 없었어. 그런 경험이 없었거든. 아빠가 선물로 애정을 표현했던 것처럼, 나도 네게 그런 식으로 마음을 전했지. 물론 그건 진심이었어. 나는 언제나 네가 원하는 걸 뭐든 다 주고 싶었어. 네가 첫 자동차를 장만할 때 그랬고, 네가 제다이 독심술을 부리듯 내게 "나한테 이거 사주고 싶지 않아?"라고 문자 메시지를 보낼 때마다 그래. (그리고 그 독심술은 지금도 내게 통하지.)

우리와 비슷한 처지에 놓인 사람들이 읽었으면 하는 마음에서 이 편지를 쓰고 있어. LGBTQIAP+ 커뮤니티 일원과 함께 자란 형제 또는 자매를 위해서. 너는 내게서 멀어지거나 나와 연을 끊어서 너 자신을 지키는 편이 훨씬 쉬웠을 거야. 하지만 너는 내 곁에 머물렀어. 필요할 때 나를 지켜줬고, 다른 애들이 부르는 대로 나를 부른 적이 단 한 번도 없었어.

너는 성적 정체성이 다른 사람과 함께 어울리고 즐거움을 나누는 게 어렵지 않다는 것의 산 증거야. 욕조에서 같이 목욕하던 두 형제는 밖에 나가 공을 차고 (이건 비밀이지만) 대마초를 나눠 피우는 형제가 됐고, 요즘은 네 앞에 헤네시, 내 앞에는 화이트와인을 놓고 이야기 나누는 말동무가 됐지. 우리는 지금도 무척이나 다르지만, 또 여전히 무척이나 비슷해.

무엇보다 이제 우리에게는 이 땅에서 살아갈 더 큰 목표가 생겼기에 이 편지를 쓰는 거야. 앞으로도 우리는 헤테로/호모 형제의 찬란한 모범으로 남겠지만, 그것보다 더 중요한 축복이 우리에게 찾아왔어. 너의 첫 아이, 우리가 사랑을 담아 '베이비 지'라고 부르는 너의 2세가 이 세상에 태어났으니까. 베이비 지가 우리 삶에 들어온 후로 나와 너는 이미 달라지기 시작했어.

그 애를 안고 있을 때면 가끔 이런 생각이 들어. 베이비 지는 누구처럼 클까? 외갓집 식구를 닮으려나? 아니면 너 같은 남자아이가 될까? 실은 나를 닮으면 어떡하나, 그게 가장 걱정이야. 그 자체가 문제라기보다 이 세상이 나 같은 남자아이를 어떻게 대하는지 알고 있어서 그래. 베이비 지가 어떤 모습으로 자라건 나는 책임지고 그 애를 지킬 생각이야. 소외의 이유야 많다지만 기본적으로 흑인 아이들은 억압 속에 태어나잖아.

베이비 지가 어떤 개성을 가진 아이로 자라더라도 걱정하진 않아. 베이비 지는 나처럼 정해진 틀에 들어맞지 않는 남자아이를 어떻게 다뤄야 할지 잘 아는 아빠를 뒀으니까. 네가 있는 곳은 언제나 사랑의 공간이었어. 너는 게이인 내 모습을 보았지만 그건 내 일부분일 뿐이었지. 너는 언제나 나를 완전한 인간으로 봐줬어. 더 많은 사람이 그래준다면 좋을 텐데. 내 퀴어 정체성은 흑인다움의 일부고, 너는 그 둘을 절대 떨어트려 보지 않았지.

우리가 앞으로 함께 나아갈 길을 기대하고 있어. 너의 형으로서 나는 최선을 다했고, 새롭게 우리 가족이 된 아이에게 우리의 경험을 나눌 수 있어 기쁘다. 넌 멋진 아빠가 될 거야. 나의 첫 번째 베이비는 언제나 너였다는 사실을 기억해주길.

7장
내니, 나의 보호자, 허슬러,
그리고 최고의 친구

"어허!!! 내 집에서 식사할 때는 테이블에 팔꿈치 괴는 거 금지다."

"뭘 이렇게 꾸물대? 겁먹은 돈은 돈이 못 돼."

"어른들 일에 끼지 말랬지?"

"잘 들어, 맷. 방울양배추는 보기보다 맛이 괜찮단다. 지금 먹었는데 맛이 영 별로면 다시 먹으라고 안 하마. 한 번만 먹어봐."

내니 이름은 루이즈 케네디 에번스 엘더다. 퍼스트 네임 뒤에 붙는 이름이 세 개나 되는 게 늘 재미있다고 생각했다. 사람들은 내니를 그 모든 이름으로 불렀지만, 나와 사촌들에게 내니는 그냥 '내니'였다.

키가 165센티미터쯤 되는 내니는 앞서 말했다시피 갈색 피부에 살짝 건장한 체격이었다. 듣기로는 열여섯 살 때부터 머리가 회색이 됐다고 한다. 나는 늘 그게 멋지다고 생각했다. 13남매 중 막내였던 내니는 자기보다 나이 많은 형제자매가 살아 있을 때도 우리 가족의 가장이었다. 내니는 원하는 건 무조건 하는 성격이었다. 자신이 이루지 못한 게 있으면 자식이나 손주를 통해서라도 이뤘다. 내니는 사람들에게 임무를 부여하는 데 선수였다.

내니는 예전이나 지금이나 내가 아는 최고의 요리사다. 재료만 파악하면 어떤 요리든 후딱 만들었다. 추수감사절 저녁마다 우리는 주방에서 내니의 조수 역할을 하곤 했는데, 그때 나는 내니가 계량컵을 쓰지 않는다는 사실에 무척이나 감탄했다. 전매특허 고구마파이를 만들던 내니에게 한번은 이렇게 물은 적이 있다. "왜 계량컵을 안 쓰세요? 그럼 가루를 너무 많이 넣었는지, 적게 넣었는지 어떻게 알아요?" 내니는 호탕하게 웃어젖힌 뒤 나를 보며 대답했다. "계량컵을 쓰면 음식을 맛볼 때도 재게 되거든. 요리할 때는 음식을 그냥 맛봐야 해. 다들 그걸 몰라 실수하더라. 기껏 요리해놓고 똥을 뿌리는 거지." 내니와 나는 동시에 웃음을 터뜨렸다.

내니는 저녁에 아침 요리를 내놓는다거나 루트비어 플로트 아니면 수제 아이스크림 샌드위치처럼 멋진 요리를 만들어 보였다. 그런데 꼭 내 것만큼은 다른 손주들 것과 살짝 달랐다. 내니는 내게 줄 아이스크림을 전자레인지에 몇 초 돌려 좀 더 부드러워지게 만들었다. 나는 너무 찬 음식도, 너무 뜨거운 음식도 유달리 싫어하는 애였다. 원체 유별난 아이다 보니 내니는 매번 내 심기가 틀어지지 않았는지 확인했다. 난 정말이지 별났다. 글을 쓰는 지금도 웃음이 난다.

사촌들끼리 내니가 가장 아끼는 손주는 누구인지 자주 토론하곤 했는데—이 문제를 대단히 민감하게 생각하는 애가 한 명 있었다—그 대화는 주로 내니와 한 공간에 있을 때 농담조로 이뤄졌다. 내니는 자신이 누구를 편애한다고 느낀다는 사실 자체를 반기지 않았던 것 같다. 그러나 나중에는 우리가 그냥 장난친다는 것을 깨닫고 최애 손주를 가리기 위한 우리 싸움에 매번 한 가지 반응으로 대꾸했다.

"할머니는 너희 모두 사랑해. 하지만 다 다르게 사랑하지. 너희는 각자 다른 것을 필요로 하니까."

'다른 것'이라는 말이 내 마음에 깊이 남았다.

내니의 그 말이 어떤 의미였는지는 좀 더 나이를 먹은 후에야 알았다. 내니는 자신을 돌볼 겨를도 없이 우리 모두에게 고르게 사랑을 나눠줬다. 솔직히 말해 내니의 일생은 매일 밤 자러 갈 때면 자신을 위한 것이 하나도 남지 않았을 만큼 남을 위해 자신을 내어주고 또 내어주는 것의 반복이었다. 지금 아는 것을 그때도 알았더라면, 내니가 자신에게 쓸 에너지가 없을 정도로 우리에게 모든 에너지를 쏟아붓지 못하게 했을 것이다. 이 이야기는 나중에 다시 해보려 한다.

어떤 사촌들은 집안 환경이 좋지 못해 제대로 된 가정이 필요했다. 나와 동생은 엄마 아빠가 늦게까지 일했으므로 매일 학교에서 돌아와 머물 수 있는 안정적인 환경이 필요했다. 어떤 손주에게는 강인한 사랑과 엄격한 규칙이 필요했다. 내니는 우리에게 그 모든 걸 주었다.

그리고 나라는 손주가 있었다.

자신이 누구인지 갈피를 잡지 못하는 흑인 퀴어 남자 꼬맹이. 나는 숙제와 독서에 나를 파묻었다. 또래와의 우정에서 겪지 못하는 것들을 이야기 속에서는 발견할 수 있었다. 애들이 각자 무리를 이뤄 노는 동안 나는 도서관에 처박혀 있거나 숙제를 했고 닌텐도로 〈제퍼디Jeopardy!〉 놀이에 열중했다. 그러다 3학년 때 평균 이상의 '똑똑한' 애들을 선별해 가르치는 특별 영재 프로그램에 들어가게 됐다.

교육을 분리의 도구로 사용하는 것은 흑인 사회의 고유한 역사다. W.E.B. 듀보이스W.E.B. Du Bois가 알린 '탁월한 10분의 1' 원칙(1903년 듀보이스가 동명의 에세이에서 주창한 개념으로, 고등교육을 받은 상위 10퍼센트 흑인이 지도자가 되어 커뮤니티를 더 잘살게 만들어야 한다는 것이 요지다. 엄밀히는 상위 10퍼센트에게 그 책임이 있음을 주장하는 말이다-옮긴이)은 흑인 지식인 상위 10퍼센트가 나머지 90퍼센트의 억압을 끊어내리라는 믿음과 닿아 있다. 지능 순으로 사람을 분리하는 것이 흑인 커뮤니티만의 문제는 아니겠으나, 학업 실력과 무관하게 백인이 이룰 수 있는 것들을 떠올리자면, 이것의 의미가 새삼 달라진다. 도널드 트럼프는 리얼리티쇼 스타에서 미국 대통령이 되었다. 우리에게는 언제나 그와 전혀 다른 잣대가 주어질 것이다.

흑인 가족 중에서 똑똑한 사람이 되면 친척의 온갖 기대를 한 몸에 받게 된다. 우리 커뮤니티에는 이런 우스갯소리도 있다. 당신이 대학에 갈 때 목표는 하나일 테지만, 가족은 '배운 사람'

이란 이유로 당신에게 모든 것을 요구할 거라고. 내니에게도 해답은 결국 교육이었다. 내니의 부모님은 교육받은 분들이 아니었기에 내니에게도 교육을 강요하지 않았고 자연스레 내니는 '가방끈이 긴' 사람이 될 수 없었다. 그래서 손주들이 공부에 매진하기를 바랐다.

내가 똑똑한 아이란 것을 알아본 내니는 나를 자신의 후계자로 삼았다. 다시 말하지만, 내니는 단순한 보호자이자 요리사가 아니었다. 내니는 허슬러였다. 주류 미디어는 '허슬hustle'을 다소 부정적으로 그리는 경향이 있다. 그러나 흑인 커뮤니티 사람들에게 '허슬링'이란, 대학 경영 수업에서 가르치는 '복수의 수입원'을 의미한다.

내니는 집에 놀이방을 차려 운영했다. 동네 아이들 대다수가 그곳을 거쳤다. 내니는 파이를 구워 팔았고 이곳저곳을 다니며 출장 음식 사업을 했다. 면허가 있는 간호사여서 일주일에 두 번은 사우스 저지South Jersey에 사는 부유한 백인 고객을 왕진했다. 벼룩시장과 창고 세일을 열기도 했다. 내니는 수표와 현금을 차곡차곡 저축했고 혹시 모르는 상황을 대비해 매트리스에 비상금을 숨겨뒀다.

나는 내니의 조수이자 동업자가 되어 여러 작은 사업에 도전했다. 한번은 장난감과 옷 살 돈을 벌겠다며 사탕을 판 적이 있다. 나와 내니는 BJ 마트에 가서 사탕을 더미로 샀다. 나는 내니에게 100달러를 빌렸는데, 내니 표현을 빌리자면 그 돈으로 '재고'를 확보한 거였다. 집에 돌아와서는 내니가 시키는 대로 사탕 개수를 센 뒤 하나당 얼마에 팔지, 얼마만큼의 이윤을 남길지를 계산했다. 내니에게는 일주일에 20달러씩 원금을 갚아나가기로 했다.

나는 등교 시간과 하교 시간에 운동장에서 아이들에게 사탕을 팔았고, '팝 락스' 사탕을 100여 개나 팔아치웠다. 몇 달간 지속되던 사업은 학교에 발각되면서 끝이 났다. 장사가 불법은 아니었지만, 자녀들 급식비가 왜 '비는 것'인지 모르겠다며 학부모들 항의가 빗발쳤기 때문이다.

나와 내니는 오랫동안 한 팀이었다. 사탕 장사는 우리가 함께한 여러 허슬 중 하나에 불과했다. 우리는 주말마다 새벽같이 일어나 벼룩시장으로 가서 집에 나뒹굴던 물건들을 팔았다. 도자기 인형이나 전날 밤 내니가 만들어둔 파이와 케이크 같은 것들. 그게 우리의 주말 일상이었다. 나는 내니와 노는 게 좋았고, 손님들과 흥정하는 것, 새로운 사람을 만나는 것, 집 밖을 나가는 것 모두 좋았다. 피곤해도 재미있었다. 내니는 언제나 해야 할 일을 알려줬다. 내니에게는 넘지 못할 위기란 게 없었다.

어렸을 때는 내니와 함께하는 시간의 귀중함을 미처 몰랐다. 그때는 무한하게만 느껴졌던 내니와의 순간 하나하나가 지금은 무척이나 애틋하다. 언젠가 내니가 이 세상에 물리적 형태로 존재하지 않으리라는 사실을 그때는 단 한 번도 생각하지 않았다. 내게 내니는 할머니일 뿐 아니라 언제나 친구였다. 내 안의 자랑스러운 부분은 모두 내니에게서 물려받은 것들이다. 나보다 힘든 사람들을 도울 줄 알고 돈을 벌 줄 아는 능력 같은 것들.

고등학생 때도 내니는 언제나 내 곁을 지켜줬다. 가톨릭학교에 입학한 신입생들은 1년 동안 봉사활동 250시간을 채워야 했다. 공립학교에 다닐 때는 의무로 봉사활동을 한 적이 없었기에 그 많은 시간을 어떻게 채워야 할지 막막했다. 백인 아이들은 1년치 인턴십이나 봉사활동 기관을 일찌감치 섭외해놓았다. 이미 자녀 학비로 1년에 5천 달러를 투자한 엄마 아빠는 봉사활동까지 신경써줄 여력이 없었다. 내니는 아니었다.

내니는 내가 아무 기관에나 연락할 필요가 없게끔 우리 가족이 쭉 다니고 있는 시온산 AME 교회에 아예 '세라 마시 선교회 무료급식소'를 차렸다. 손주가 봉사활동 시간을 채울 수 있게끔 무료급식소를 연 것이다. 토요일 아침마다 나는 내니와 교회에 갔다. 가끔은 교회의 여자 어른들과 함께하기도 했지만, 대부분은 우리 둘뿐이었다. 우리는 바깥출입이 불편한 환자들을 위해 수프와 식사를 만들었다. 점심시간에 맞춰 시내 곳곳을 돌아다니며 신도 집들을 방문하고 음식을 나눴다. 집을 방문하면 몇 분 정도 담소를 나누다 다음 집으로 건너갔다. 4년이 흘러 손주가 고등학교를 무사히 졸업할 만큼 봉사활동 시간을 채웠다는 확신이 들 때까지 내니는 나와 함께 무료급식 봉사활동을 다녔다.

고등학교를 졸업한 후에야 비로소 내니가 왜 그렇게까지 열심이었는지 깨달았다. 단순히 내가 똑똑하기 때문에, 돈 버는 법을 배워야 하기 때문이 아니었다. 내가 받은 것을 돌려줄 줄 알고 주변을 돌보는 사람으로 크기를 바라서만도 아니었다. 물론 내니는 그 모든 것을 바랐지만, 가장 큰 이유는 날 혼자 내버려 두지 않기 위해서였다.

내니는 열 살 무렵의 내가 이미 고립된 아이라는 것을 알아봤다. 나는 퀴어 정체성을 억누르고 어떻게든 어울리려 애썼으나 그러질 못했다. 내게도 친구는 있었지만, 사촌과 동생만큼은 아니었다. 가끔은 사촌형들 무리에 끼어 놀기도 했으나 그들과 어울리기에 나는 너무 어렸다. 형들은 함께 파티에 다녔고 동네 수영장에 갔고 똘똘 뭉쳐서 다른 패거리와 싸우곤 했다. 아주 끈끈한 집단이었지만 내가 거기 속했다고 볼 수는 없었다.

동생에게도 몰려다니는 무리가 있었다. 어릴 때 그 애들은 똑같은 운동화를 맞춰 신었다. 함께 어울리려고 같은 스포츠 리그에 가입하기도 했다. 초등학교부터 중학교, 고등학교까지 나란히 졸업해 성인이 돼서도 여전히 플레인필드에 살며 서로 자녀의 대부모가 되어주고 매주 얼굴을 본다. 그때나 지금이나 대장은 내 동생이다.

그 대신 내게는 책이 있었다.

또 숙제가 있었다.

내게는 고립된 내가 전부였다.

남을 돌보는 천성이었던 내니는 자기보다 나를 우선시했다. 내가 외롭지 않게 어딜 가나 나를 데리고 다녔다. 자신이 나의 무리가 돼주기로 결심한 것이다. 가까운 친구가 필요할 때 내니는 그런 존재가 되어줬다. 내니는 밤마다 잠들기 전까지 나와 함께 500러미 카드 게임을 수도 없이 해줬고 주말에는 아침 일곱 시만 되면 주 곳곳의 벼룩시장으로 '출동'했다. 우리는 늘 함께였다. 내니는 이전에도 가족 중 나 같은 아이의 곁을 지켜줬다.

나의 사촌 호프는 트랜스젠더다. 호프 말고도 내게는 레즈비언과 게이 친척이 있다. 호프가 자라며 트랜지션 하는 과정을 지켜본 내니는 덕분에 나를 좀 더 잘 이해했던 것 같다. 남과 '다른' 아이들이 평범한 아이들처럼 양육받고 사랑받지 못했을 때 입게 되는 타격이 얼마나 큰지 내니는 이해했다. 손주들을 "다 다르게 사랑한다"고 한 뜻은 너를 덜 사랑해가 아니었다. 너의 전부를 있는 모습 그대로 사랑해였다.

'내니' 같은 존재가 모든 가족마다 있는 세상은 어떨지 자주 생각해본다. 혐오와 가정폭력을 예삿일로 겪으며 자란 아이가 수두룩한 세상에서, 어떻게 흑인 퀴어였던 내가 무조건적인 사랑을 경험할 수 있었을까? 미국 LGBTQIAP+ 청년 계층의 탈가정 비율은 40퍼센트에 달한다. 그러나 우리 가족만 놓고 보면 그 비율은 0퍼센트였다. 이렇게 비정상적인 세상에 이렇게나 멀쩡한 가족이 존재한다니? 우리 가족이야말로 예외가 아니라 당연한 기준이어야 했다.

그런데 이 세상의 기준은 "게이 자식보다 죽은 자식이 낫다"는 생각인 것 같다. 2017년 11월 2일, 조반니 멜턴Giovanni Melton을 살해한 그의 아버지가 이런 발언을 했다고 알려졌다. 우리 아빠는 단 한 번도 나의 여성성에 관해 왈가왈부한 적이 없다. 처음부터 내 정체성을 알아본 엄마는 내가 두 살 때부터 나를 지지해주는 가족 시스템을 만들어줬다. 언젠가는 내 경험에 공감

해줄 사람들이 필요하다는 걸 알았던 것이다. 이모들과 삼촌들은 나를 사랑하고, 사랑하고, 더 많이 사랑해줬다. 사촌들은 언제나 날 위해 싸워줬고, 형제들은 내 뒤를 든든하게 지켜줬다.

가족 역동성family dynamics은 LGBTQIAP+ 문화에서 자주 등장하는 주제다. '만들어진 가족created family'은 원 가족에게 받아들여지지 않은 사람들에게 집과 같은 환경을 보장하고자 다양한 삶을 살아가는 친구들이 단단히 결속하는 시스템을 일컫는다.

우리 문화는 불가능한 상황에서도 어떻게든 안전한 피난처를 만들어왔다. 드라마 〈포즈Pose〉는 우리 문화가 어떻게 생존해왔는가를 정확히 그려낸다. 볼룸ballroom 문화(뉴욕에서 아프리카계와 라틴계 성소수자들이 모여 춤, 패션, 음악을 겨루며 형성한 언더그라운드 문화 – 옮긴이)에서 '하우스'는 집이 없는 LGBTQIAP+ 사람들이 찾는 공간이었다. 그 안에도 가족 구조란 것이 존재했고, 아이들을 돌보는 하우스 엄마의 존재가 그 구조를 완성했다.

나와 가족이 LGBTQIAP+ 청년들에 관한 여러 통계를 미리 알았더라면 어땠을까. 내가 매일매일 헤쳐나가야 했던 세상에는 집에서 받은 사랑을 찾을 길이 없었다. 내가 나를 '꺼내놓기' 두려워했던 것만큼이나 가족 역시 내가 게이인지 묻는 걸 두려워했다. 가족은 나의 섹슈얼리티가 어떤지 알면서도 LGBTQIAP+ 문화에 대해 더 알려 하지 않았다. 따라서 우리 가족은 내가 퀴어란 것을 알고 목격했음에도, 더 나아가 내게 요령을 알려주고 혹시 모를 위험을 미리 경고해줄 수는 없었다.

퀴어 문화를 알지 못했고 그걸 탐색할 자원도 없었지만, 적어도 내게는 집이 있었다. 내니 덕분에 보전된 집이었다. 내니는 "자선은 집에서부터 시작된다"는 말을 자주 했다. 지금도 이 세상에는 별종 취급을 받는 흑인 남자아이와 여자아이, 그리고 젠더 논컨포밍nonconforming 아이들을 위해 싸우는 '내니'가 많다. 그들은 아이들의 신호를 알아차리고 아이들이 무조건적 사랑을 받고 있다는 사실을 알게 해준다. 내니는 자기 안에 지혜를 가둬 놓지 않았다. 자기 자식들에게 지혜를 물려주어 그것들이 우리 안에 씨앗을 심을 수 있도록 했다. 그 씨앗 덕에, 지금의 나는 흑인 퀴어 아이들을 위해 목소리를 내는 사람이 됐다. 매일매일 자신을 위해 싸우는 누군가가 있다는 사실을 모르는 아이들을 위해 나는 목소리를 낸다.

커밍아웃을 해서 지지 시스템을 필요로 하는 젊은이가 많다. 각자 바라는 지지 시스템을 직접 만들어가야 하지만 솔직히 쉽지는 않을 것이다. 미디어는 명확한 방법도 제시하지 않으면서 무작정 "다 괜찮아질 거야"라고 말한다. 나는 그런 허황된 이야기를 팔 생각이 없다. 방법은 적극적으로 기회를 잡아서 지지 시스템을 직접 만드는 것일 수밖에 없다. 괜찮아질 거라는 캠페인 슬로건의 권력을 되찾아 써먹는 것도 방법이다. 특히 비퀴어와 비흑인에게 "더 나은 세상을 만들라"고 요구하자. 아무 행동도 하지 않는데 괜찮아질 수는 없다. 당신은 그들에게 더 나은 세상을 요구할 권리가 있다.

내가 자라는 내내 내니가 내 친구라는 사실을 마음에 새기고 살았듯, 나와 만난 적 없고 나의 말을 보고 듣지 못할 흑인 퀴어 아이들일지라도, 내가 그들의 친구라는 걸 기억해줬으면 한다. 가끔은 자신을 있는 그대로 봐주는 존재만으로 충분하다. 내니가 나를 발견했듯, 내가 당신을, 그리고 당신이 당신 자신을 발견하게 되기를.

내니에게 커밍아웃하고 얼마 지나지 않았을 때, 그러니까 대략 스물다섯 살쯤에 내니와 나눈 대화가 떠오른다. 나는 언제나 내니에게 커밍아웃하고 싶었지만, 나이를 충분히 먹기 전까지는 선뜻 자신감이 생기지 않았다. 게이라고 고백하면 행여 가족이 실망할까 봐 두려웠다. 물론 가족이 내게 그런 두려움을 준 적은 없다. 하지만 내가 속한 커뮤니티는 우리 가족과 딴 세상이었다. 에이즈에 오명을 덧씌우고 게이 섹슈얼리티에 수치심을 안기는 세상. 그래서 나는 때가 무르익기를 기다렸다.

전화기를 붙들고 오열하는 동안 내니는 바위처럼 가만히 듣기만 했다. 내니가 가장 먼저 꺼낸 말은, 울 필요 없으며 수치스러워할 이유도 없다는 확언이었다. 그리고 언제나 그 사실을 알고 있었다고, "나는 내 손주들을 모두 사랑한단다. 너도 예외 없이 사랑하지"라는 말을 해주었다. 그리고 내니는 내 가슴에 영원히 새겨진 마지막 말을 덧붙였다. "애인이 생기거든 다른 손주 녀석들처럼 교제 전에 할머니에게 소개해주려무나."

아직 그런 날은 오지 않았지만, 그날의 대화는 아무리 퀴어가 남들과 다르더라도 성별, 젠더 또는 (당신이 지닌 별난 점)과 무

125

관하게, 어떤 건 그냥 누구에게나 보편적이라는 사실을 새삼 되새기게 만든다. 열등하다고 여겨지는 커뮤니티에 공평과 평등을 부여할 때, 피해를 보는 사람은 억압자뿐이다.

　나의 내니는 글래드GLAAD상(성소수자 인권단체 글래드가 성소수자 인권 향상에 일조한 미디어 작품이나 창작자에게 주는 상-옮긴이)을 타지 못할 것이다. 흑인 역사의 달에 초상화가 걸리는 일도 없을 것이다. 사랑으로 충만한 공간을 만들었다고 뉴스에 실리지도 않을 것이다. 그러나 내니가 나를 발견했기에, 지금의 내가 세상 모든 사람에게 내니 이야기를 할 수 있게 됐다. 그리고 어쩌면, 이 책을 읽게 될 LGBTQIAP+ 사람의 가족이나 동료에게 내니의 정신이 가닿을지도 모르겠다.

8장
아빠에게 찾아온 두 번째 기회

"맷몰 프리졸, 맷몰 프리졸, 맷몰 프리졸!" 아빠는 집을 돌아다니는 나를 이렇게 부르곤 했다. '맷몰 프리졸'은 내 애칭이었다. 동생의 애칭은 '무트'였는데 동생은 일곱 살이 되면서 그 이름에 장례를 치러줬다. 개릿은 그런 애였다. 자기 마음에 들지 않으면 입도 뻥끗 못하게 했다.

하지만 나는 아빠가 나를 '맷몰 프리졸'이라 부르는 게 좋았다. 아빠가 매번 으르렁대는 소리로 그 애칭을 부르면 어김없이 웃음이 났다. 어린 시절 아빠와 나의 관계는 무척 단순했다. 아빠는 남성적인 남자라 여성적인 아들과 공통점이 많지 않았다. 쉽게 말해 껴안는다거나 밤에 침대맡에 와 입을 맞추고 이불을 덮어주는 유형의 아빠는 아니었다. 그러나 나는 아빠가 나를 사랑한다는 사실을 매 순간 느꼈다. 아빠는 여러 방식으로 그 사랑을 증명했다.

크리스마스, 생일, 그리고 방학이 되면 아빠의 애정은 선명해졌다. 아빠는 자식에게 돈을 아끼는 법이 없었다. 어릴 때 집에는 나와 동생이 살았다. 나이 터울이 많이 나는 누나 토냐와 형 그레고리 주니어, 일명 G.G. 형은 먼저 독립한 후였다. 우리보다 나이가 훨씬 많았던 누나와 형은 가끔 집에 머물다 가고는 했다. 그건 아빠 덕분이기도 했다. 우리가 무슨 잘못을 저지르든 아빠 심기를 어떻게 비틀어놓든, 우리에게는 언제든 돌아갈 집이 있었다. 아빠는 지금도 그런 사람이다.

아빠를 이해하고 우리 부자의 관계를 이해하려면 아빠의 뿌리부터 알 필요가 있다. 아빠는 버지니아 윌리엄스버그에서 태어나 어린 시절을 보냈다. "남부에서 온 촌놈 니가." 아빠는 자신을 이렇게 소개하곤 했다. 할머니 말에 따르면 아빠는 윌리엄스버그 병원에서 태어난 첫 번째 아기였다. 어린 시절, 우리는 아빠가 어릴 때 살던 집에 자주 갔다. 아빠 가족은 1927년부터 그 집에 살았다. 증조부가 주인 가문에게 증여받은 토지에 세워진 작은 건물이었다. 우리는 아빠 본가까지 가는 걸 무척이나 귀찮아했지만, 며칠씩 뉴저지 바깥으로 나가는 셈이었으니 그런대로 괜찮게 받아들여 고분고분 따랐다. 아빠 본가 마을은 시골이라 온종일 집에 앉아 텔레비전을 보는 것 말고는 할 수 있는 게 없었고 그 집에는 우리가 '그랜마'라고 부르던 할머니가 살았다. 아빠의 엄마였다.

할머니 집은 일명 샷건 하우스shotgun house(폭이 좁아 공간이 앞뒤로 배치된 구조의 주택—옮긴이)였다. 집 뒤편에는 틱 삼촌과 레스틴 이모가 살던 작은 샷건 하우스가 한 채 더 있었다. 더 뒤

128

로 가면 우거진 숲이었다. 할머니는 늘 우리를 향해 이렇게 소리치곤 했다. "얼른 숲에서 나와! 진드기한테 엉덩이 물릴라!!!" 할머니는 '엉덩이ass'를 '하인폿hinepots'이라고 했는데 나는 한참 나이를 먹은 후에야 그게 '하인드 파트'(hind parts, 몸의 뒷부분, 꽁무니를 가리킨다 – 옮긴이)를 가리키는 사투리라는 걸 알았다. 내 귀에는 '하인폿'이 훨씬 그럴싸하게 들렸다.

할머니 집 왼쪽 뒤편에는 커다란 집이 한 채 있었다. 할머니 말로는 1920년대에 증조부가 그 집 땅에서 일했다고 한다. 그러니까 큰집 주인이 증조부에게 앞마당 토지를 떼주었고, 바로 그 땅에 할머니의 샷건 하우스가 세워진 것이다.

증조부는 샷건 하우스를 손수 지었다. 맨 앞에 욕실을 짓고 뒤로 주방을, 그 옆에 방을, 또 그 뒤에 거실을, 맨 뒤에는 다이닝 룸과 두 번째 방을 나란히 짜 넣었다. 지금 다시 그곳에 갈 수 있다면, 나는 우리 가족이 늘 대던 곳에 차를 대고 싶다. 그러나 이제는 모든 역사가 사라지고 없다. 젠트리피케이션이 할머니 집이 있던 땅을 몽땅 주차장으로 바꿔놓았기 때문이다. 어쨌든 아빠 가족의 출발점이 변변치 않아서인지 아빠는 자기 자식들이 자신 같은 경험을 절대 하지 않길 바랐던 것 같다.

할머니는 집이 지어진 이듬해인 1928년에 태어났다. 할머니와 두 형제가 그 집에서 컸다. 그 작은 집에 너무나도 많은 기억이 담겼다. 거기서 눈을 감은 가족도 여럿이었다. 어렸을 때 나는 뒤쪽 방에서 자는 걸 겁냈다. 늘 한기가 돌았고 뭔가 움직이는 게 보였기 때문이다.

그렇다. 그 집에는 유령이 살았다. 할머니는 자기 눈에 유령이 보인다는 사실을 자랑하곤 했다. 텔레비전 속 죽음을 보면 모두가 병원 침상에서 마지막 숨을 거두는 것 같지만, 어쩌면 생각보다 훨씬 많은 사람이 자기 집에서 세상을 떠나는지도 모른다. 꼭 입원해야 할 상황이 아니라면 우리 가족은 가족과 사랑하는 사람들에게 둘러싸인 채 집에서 마지막 순간을 보내려 할 것이다.

우리는 유령 이야기를 들은 후로 할머니 집 어느 방에서든 자는 걸 두려워했다. 하루는 할머니가 이렇게 물었다. "왜 그렇게 유령을 무서워하니?"

우리는 그야 유령이니까요, 하는 어이없는 표정으로 할머니를 보았다.

"다들 너희 친척이야. 가족이 너희를 해치겠니? 백인들이나 유령을 무서워하지. 그래서 흰 천을 뒤집어쓰고 그러는 거잖니. 흑인 유령은 겁낼 필요 없다." 이 말을 들은 후로 나는 할머니 집에서 자는 것을 다시는 두려워하지 않게 됐다.

할머니는 강인한 여성이었다. 신앙심이 독실해 열심히 교회를 다녔고, 백인은 전부 악마라는 소리를 자랑스럽게 했다. 할머니가 나고 자란 시절의 세상은 지금과 딴판이었다. 할머니 고향인 남부에는 짐 크로법이 기승을 부렸다. 백인 국회의원들은 이 법을 구실로 '니그로'를 어떻게 취급할지 결정하고 인종 분리를 강제했다. 법의 내용은 다음과 같았다.

"어떠한 개인이나 단체도 흑인 남성이 있는 병실에 백인 여

성 간호사가 들어가 공개적으로든 비공개적으로든 간호할
것을 요구해서는 안 된다."

"유색인종 이발사는 백인 여성 또는 여아를 손님으로 받을
수 없다."

틀림없이 할머니는 나라면 상상도 못할 일들을 목격했을 것
이다. 할머니 배에서 나온 아빠는 그래서인지 할머니와 비슷한
부분이 많았다. 강인하면서 다정한 사람. 아빠는 이따금 사랑을
표현하는 데 서툴렀으나 그래도 나는 언제나 아빠의 사랑을 느
꼈다. 할머니와의 관계도 다르지 않았다.

"돼지가 나와 실례합니다만 저기 개구리를 가진 소년도 잡
아줘요." 아빠는 트림을 하면 어김없이 이렇게 말한다. 내가 특
히나 좋아하는 아빠의 말이다. 아빠는 크면서 좋은 특징을 많이
물려받았지만 그렇지 않은 부분도 있었다. 일단 사고방식이 가
부장적이었다. 엄마는 대단히 독립적인 여성인지라 틀림없이 갈
등이 있었을 것이다. 우리 앞에서 싸우거나 언쟁한 적은 드물었
지만 우리 집에서 아빠는 확실히 왕으로 군림했다.

아빠는 식사를 한 뒤 그릇을 치우는 일이 없었고 저녁마다
당연하게 식사가 준비돼 있을 거라고 기대했다. 아빠가 자라난
환경을 생각하면 당연했다. 아들과 남편 턱^{Tuck}을 위해 그런 일
들은 모두 할머니가 도맡아 했으니까. 그러나 엄마는 그런 책임
감을 달가워하지 않았다. 아빠 그릇을 치워주면서도 "당신 그릇

은 당신이 치워, 이 니그로야"라는 잔소리를 빼놓지 않았다. 그러면 아빠는 얼굴을 찌푸렸다.

한번은 내가 열 살 때 우리 가족이 버지니아 집을 방문한 적이 있다. 아빠와 큰아빠를 위해 일흔 살이 넘은 할머니가 손수 닭을 튀기고, 상을 차리고, 아들들이 먹는 것을 지켜보다 그릇을 치우려 했다. 나는 할머니를 말린 뒤 아빠와 큰아빠에게 말했다. "할머니가 이거 다 치우게 두려는 거 아니죠?"

아빠와 큰아빠는 나를 보며 충격받은 눈치였다. 화가 났다기보다 집에서 자기 그릇을 치우는 것에 너무나도 익숙하지 않아 자신들이 다 큰 어른이라는 것마저 잊은 것 같았다. 꼭 꾸지람을 듣는 어린애들 같았다. 그날 나는 할머니를 쉬게 한 뒤 '부끄러운 n*****들' 하고 말하는 듯한 굳은 표정으로 아빠와 큰아빠를 노려보며 직접 식탁을 정리했다. 아빠는 혀로 이를 핥으며 두 팔을 벌려 "어쩌라는 거야?" 하고 대꾸했다. 자신이 옳다고 느낄 때 아빠는 꼭 그렇게 반응했다.

할머니는 자신이 보고 자란 집안 어른들의 전통을 따라 집에서 눈을 감았다. 우리 가족 중 버지니아 집에서 세상을 떠난 마지막 사람이다. 자신을 데려갈 조상들이 지키는 집에서 제명에 죽는 것에는 나름 낭만적인 구석이 있는 것 같다. 할머니는 자식들에게 둘러싸인 채 숨을 거뒀다. 자기 집 거실에서, 10대 시절 내가 놀러 왔을 때 누워 자곤 했던 소파 침대에서 눈을 감았다. 할머니가 돌아가실 때 아빠가 울었다. 2004년 렘 삼촌이 돌아가셨을 때 이후로 처음이었다.

형 G.G.와 누나 토냐는 우리 형제와 엄마가 다르다. 그들의 엄마인 실라는 아빠와 결혼해 10년을 살다 이혼했다. 이후 아빠는 우리 엄마를 만나 35년 넘게 함께 살고 있다. 아빠는 인생의 절반 이상을 결혼한 채로 살아온 것이다. G.G.는 열여섯 살 때부터 할머니와 함께 살았다. 개릿과 나는 외할머니인 내니와 훨씬 더 가까웠고, G.G.와 토냐는 할머니와 훨씬 더 친했다. 가족 역동성이란 건 이런 것일 테다.

G.G.는 키가 190센티미터에 몸은 늘씬하고 짙은 색의 피부를 가졌다. 그리고 누구보다 치열이 완벽하다. 형과 함께 자란 것은 아니었으나 내가 10대 때부터 형과 나, 그리고 개릿은 아주 애틋한 형제애를 쌓았다. 매주 함께 영화를 보러 다녔고 애플비스에서 외식을 했다. 형을 더 일찍 만나지 못해 놓친 시간이 많은 만큼 우리는 부지런히 그 공백을 채웠다.

아빠와 G.G. 형의 관계는 특이했다. 항상 나쁜 것은 아니었으나 확실히 좋지만은 않았다. 둘은 충돌이 잦았다. 듣기로는 아빠가 우리 엄마와 재혼했을 때 G.G. 형이 쉽게 받아들이지 못했다고 한다. 새어머니가 생기면 으레 벌어지는 일이었다. 형이 버지니아 할머니와 함께 살게 된 것도 10대이던 형과 아빠가 자주 부딪혔기 때문이었다. 버지니아에 가서도 형은 종종 우리 집에 들렀으나 우리가 진짜 가까워진 것은 형은 성인이, 나는 10대 청소년이 된 후였다. 형과 나는 열한 살 터울이다.

흘려보낸 세월을 생각하면 아쉽다. 각자 마음을 용기 내어 말했더라면, 우리가 생각보다 훨씬 비슷하다는 것을 더 일찍 알았을 텐데. G.G. 형은 게이다. 나는 그 부분이 형과 아빠의 관계에 영향을 미쳤으리라 생각한다. 아빠 같은 사람이 1970년대에 나와 비슷하게 여성성을 드러내는 게이 아들을 키우는 건 쉽지 않았을 것이다. 1990년대와 비교했을 때 1970년대는 퀴어 가시성과 표현이 훨씬 희미했다. G.G.가 우리와 다른 엄마를 뒀다는 것도 어느 정도 영향을 미쳤을 것이다. 나의 외가 식구는 퀴어 가족과 살아본 경험이 있지만, G.G.의 엄마는 방법을 몰라 헤맸을 수도 있다.

10년이 흘러 아빠가 나를 키울 때는 달랐다. 아빠에게 장남과 맺지 못한 관계를 바로잡을 두 번째 기회가 찾아온 것이다. 그래서인지 나는 아빠가 G.G.에게 해주지 못한 것들을 내게 과잉 보상해준다는 느낌을 받았다.

지극히 남성적인 아빠는 이런 나를 그대로 내버려뒀다. 가끔 내가 너무 여성적인 것에 끌린다 싶으면 아빠는 '되바라졌다'는 말을 내뱉고 싶었을 것이다. 그러나 내 행동에 관해서는 단 한 번도 그 말을 쓴 적이 없다.

아빠와의 추억 중에는 내니 집에서 보낸 하루가 특히 소중하게 남아 있다. 열한 살, 열두 살 언저리였을 때 마당에서 혼자 미식축구 놀이를 하고 있었다. 공을 있는 힘껏 높이 던졌다가 잡는 놀이였다. 마침 아빠가 휴대전화로 걸려 온 전화를 받으러 밖으로 나왔다.

통화를 마친 아빠가 내 쪽으로 걸어왔다. "미식축구 할 줄 아니?"

나는 그걸 질문이라고 하냐는 표정으로 아빠를 보며 대답했다. "그럼요. 학교에서 매일 해요."

"좋아. 그럼 한번 잡아봐라." 나는 아빠에게 공을 건넨 뒤 앞으로 내달렸다. 아빠는 5초 정도 기다렸다가 내 쪽으로 공을 던졌다. 내가 공을 낚아챈 순간 아빠의 표정은 기가 막혔다. 처음에는 충격에 빠졌지만 이내 대견해하는 표정으로 바뀌었다. 내가 완벽한 나선 궤적을 그리며 아빠 쪽으로 다시 공을 던졌을 때는 더욱 놀라워했다. 내가 한창 학교 남자애들에게 내 운동신경을 입증하고 다니던 때였다. 아이 어른 할 것 없이 모두가 나처럼 여성적인 애는 '남자애' 스포츠를 못 할 거라고 짐작했다는 게 참 우습다.

아빠가 얼마나 놀랐는지가 느껴졌다. 아빠한테 나는 개릿과 달리 운동에 별 관심이 없는 책벌레였고, 당연히 운동을 전혀 못 할 아이였다. 아빠는 내게서 G.G.의 모습을 자주 보았고, 그것과 맞서느니 차라리 내 일에 아예 관여하지 않기로 결심한 듯했다.

하지만 그날 이후 관계가 아예 달라졌다. 그날 우리는 해가 질 때까지 밖에서 공을 갖고 놀았다. 우리는 번갈아가며 공을 받으러 달리고, 낚아채고, 다시 던지기를 반복했다. 아빠와 나는 각자 배운 게 있었다. 우리는 그냥 한집에 같이 사는 두 사람이 아니었다. 아빠는 나의 모든 것을 좋아하지도, 이해하지도 못할 테지만, 그렇다고 나를 특별히 다르게 대할 이유도 없었다. 나는 내게도 아빠가 있고 아빠와 평범하게 관계를 맺을 수 있다는 사실을 배웠다.

아빠는 운동에 대한 나의 흥미를 아주 진지하게 받아들였다. 그래서 내가 육상 훈련을 받는 데 드는 비용을 전부 대주었다. 심지어 고등학생 때는 볼링팀까지 들어갔다. 진부한 전개지만, 그때도 아빠는 필요한 모든 장비를 사줬다. 신발, 볼링공, 수업료 전부 다. 아빠가 G.G. 형에게 해주지 못해 후회하는 일이 얼마나 많은지 짐작이 갔다.

나는 아빠 자식 중에 유일하게 사립학교에 입학한 아이였다. 그 학비 역시 아빠가 내줬다. 내가 대학에 갔을 때도 아빠는 학기마다 월세와 등록금 일부를 보내줬다. 아빠는 나를 위해서라면 무엇이든 했다.

그렇다고 우리 관계가 늘 완벽했던 것은 아니다. 내가 나이를 먹고 독립하면서부터 아빠와 자주 부딪혔다. 아빠는 나와 300마일 넘게 떨어져 있으면서도 내 일을 대신 결정하려 했고 나는 그것에 저항했다. 그럴 때면 엄마에게 전화를 걸어 하소연했다. 통화 내내 엉엉 울 때도 있었다. 엄마는 아빠가 나를 진심으로 아낀다는 사실을 늘 상기시켜줬다. 이제 내가 다 큰 어른이라 내 일에 간섭할 수 없음을 아빠 스스로 받아들이기 힘들어하는 거라고 했다.

스물한 살이 되던 해, 아빠가 울혈성 심부전으로 입원했다는 연락을 받았다. 아빠는 강인한 만큼이나 고집이 셌다. 건강 문제에는 특히 완강했다. 흑인들 사이에서 흔한 일이지만 아빠는 병원과 의사를 두려워했다. 의료사고와 차별이 우리 건강을 책임져야 하는 공간을 못 믿게 만들었다. 그래서 우리는 죽기 직전이 돼서야 병원에 가곤 한다.

동생 개릿이 아빠 방 앞을 지나가다 침대 위에서 숨을 헐떡이며 사경을 헤매는 아빠를 발견했다. 개릿은 아빠에게 이렇게 말했다. "제가 아빠를 병원에 데려가거나 구급차를 부를 거예요. 어쨌거나 무조건 병원에 가야 해요."

당시 우리 가족은 뉴저지에서 내 스물한 살 생일파티를 열 참이었다. 그러려고 사교클럽 동기들까지 죄다 초대한 상태였다. 나는 버지니아유니언대학교에서 마지막 학기를 보내는 중이었고, 파티는 플레인필드 집에서 열 예정이었다.

파티가 열리기 두 시간 전 병원에 들러 혼자 있는 아빠를 봤다. 아빠라면 내 생일날 나를 보고 싶어 할 것 같았다. 나 역시 아빠가 보고 싶었다. 병실에 들어가니 아빠가 얼굴만 한 산소마스크를 쓴 채 텔레비전을 보고 있었다. 그렇게 겁에 질린 아빠 얼굴은 난생처음이었다. 건강이 나빠져 겁에 질린 것인지, 내게 약한 모습을 들켜 겁에 질린 것인지는 확실치 않았다. 이 세상에서 내가 아는 가장 강인한 남자가 병원 침대에 누워 있는 신세가 되다니.

나는 몇 분간 아빠 곁을 지켰다. 병든 아빠를 보고 있으니 떨리고 무서웠다. 그런 순간이 오니 그간 아빠와 말다툼하고 싸운 게 다 하찮게 느껴졌다.

"생일파티에 아빠가 오면 좋았을 텐데요."

"나도 아쉽구나." 아빠 얼굴에 실망감이 어렸다. 그때 아빠는 때론 이기적인 사람이 되는 것에 대가가 따른다는 걸 깨달았던 것 같다. 자식에게 중요한 이정표가 될 순간을 놓치는 것 역시 그 대가였다. 나는 괜찮다고 아빠를 위로하면서 얼른 퇴원하는 것에만 집중하라고 말했다.

그날 저녁 나는 나머지 가족과 함께 스물한 번째 생일파티를 열었다. 사촌들부터 동네 이웃들, 그들의 친구들까지 모두 공식적으로 '어른'이 된 나를 축하해줬다. 행복했지만 씁쓸했다. 아빠도 함께였다면 좋았을 텐데. 우리는 곁에 있는 사람을 당연하게 여기곤 한다. 매일 눈을 뜰 때마다 전날 함께했던 사람이 남아 있을 거라고 믿는 건 쉽다. 그 사람이 한 살 한 살 나이 들어가는 모습을 지켜보면서도 그가 언젠가는 이곳에 존재하지 않으리라고는 쉽게 상상하지 못한다.

파티 이후 아빠는 어딘가 달라졌다. 몇 주 후 추수감사절이라 집에 가서 본 아빠는 행복해 보였고 삶에 감사해했다. 나는 드디어 합법적으로 아빠와 처음 술잔을 기울였다. 내가 버지니아로 돌아가기 전, 아빠는 나를 안아줬다. 너무 어색해서 처음엔 어떻게 반응해야 할지 몰랐지만 결국 나도 아빠를 꼭 안아준 뒤 집을 나섰다.

그때의 포옹은 의미가 컸다. 아빠가 공개적으로 애정을 표현하는 사람이 아니어서다. 자연스럽게 나 역시 그런 사람으로 컸다. 요즘도 나는 아주 친하지 않은 사람이 포옹하려고 할 때면 어쩔 줄 몰라 한다. 아빠에게 물려받은 장애물, 일종의 병적 증상 같은 것이다. 하지만 아빠가 바뀐다면 나 역시 그럴 수 있다는 뜻이었다. 아빠가 안아줄 때 나는 사랑받고 있다는 느낌을 받았다.

날마다 흑인 남성들이 흑인 퀴어 소년들을 비판하는 것을 목격한다. 나의 커뮤니티가 다른 곳보다 유독 더 호모포비아적이라는 뜻은 아니다. 흑인 스트레이트 남성들이 나를 긍정하지 않는다는 뜻도 물론 아니다. 다만 전체적으로 긍정의 표현이 충분치 못하다는 것만큼은 사실이다.

아빠 덕분에 나는 흑인 스트레이트 남성들이 나의 억압자일 때가 허다할지라도 때로는 그들이 나의 보호자가 될 수 있음을 배웠다. 성별과 젠더를 이유로 우리를 혐오하라고 가르친 사회 조건을 깨트릴 수 있다는 것도 배웠다. 아빠에게 그랬듯, 나의 커뮤니티에도 두 번째 기회가 주어졌다. 이제는 우리 커뮤니티가 흑인 퀴어 아이들에게 반흑 세상에서 살아남을 기회를 주어야 한다. 나는 어딜 가나 심한 편견에 부딪힌다. 그러나 아빠는 자신에게 익숙한 도구와 지식을 활용해 적어도 집에서만큼은 내가 그런 일을 겪지 않도록 지켜줬다.

9장
호프를 잃고 쓰는 글

당시 내가 알던 언어로, 그러니까 트랜스포비아와 그런 행동을 온전히 이해하기 전에 내가 알던 언어로 이 글을 쓸까 해요. 지금 아는 것을 그때 알았더라면, 누군가 당신의 젠더를 잘못 호명하지도, 당신이 출생할 때 부여받은 이름 저메인과 스스로 선택한 이름 호프를 번갈아 부르는 일도 없었을 텐데. 당신을 아끼지만 당신과 함께 길거리를 다니는 걸 겁내는 일도 없었을 거예요. 다행인 건, 우리 가족이 당신에게 그런 실수를 저질렀지만, 언제나 그렇듯 오직 사랑으로 한 아이를 길렀다는 거예요. 당신이 어떤 일을 겪는지 이해할 만큼 교육받지도, 그만한 자원을 가지지도 못했지만 우리 가족은 언제나 당신을 사랑했어요. 그럴 때마다 당신은 더 큰 사랑으로 되갚았죠.

특이하게 당신에 대한 첫 기억은 흑백으로 남아 있어요. 우리가 처음 만난 날을 떠올리면 주차장과 벤치, 주변 사람 모두 흑백으로 그려져요. 그때 기억이 머릿속에 왜 그렇게 저장됐는지는 모르겠지만, 어쩌면 우리 같은 퀴어들은 절대 흑백일 수 없기 때문이 아닐까 싶어요.

무더운 여름날이었어요. 그때 나는 대여섯 살쯤이었죠. 내니가 온 친척을 불러 모아 크게 가족 파티를 열었어요. 우리는 워낙 대가족을 이뤄 살았고 다들 삼사십 분 거리에 모여 자랐죠. 나중에 또 등장하겠지만, 내가 '엉클'이라 부르던 삼촌 하나가 자주 하던 말이 있어요. "사촌들이 너희의 첫 친구들인 거다." 정말 그랬어요.

나는 차에서 내려 엄마 손을 잡고 가족이 있는 곳으로, 그러니까 당신이 있는 곳으로 걸어갔어요. 당신은 피크닉용 테이블에 여섯 명과 둘러앉아 붐박스에서 나오는 음악에 심취해 있었어요. 나는 당신에게서 눈을 뗄 수 없었어요. 당시 나는 스스로 이미 다르다는 걸 느끼던 아이였으니까. 테이블로 다가가면서 내가 본 건 나의 모습이었어요. 아주 어린 나이였지만, 당신 무리가 '다르다'는 것은 단박에 알았죠.

"저메인!" 엄마가 당신 이름을 불렀어요.

"안녕하세요, 카예 이모." 그리고 당신은 나를 보며 웃었어요. 외모와 어울리지 않게 목소리가 카랑카랑한 10대 소년. 나는 얼떨떨한 채로 그냥 서 있었어요.

당신은 제리컬(1980년대 흑인들에게 유행한 얇은 파마 스타일로 머리 윤기를 살린 것이 특징 – 옮긴이) 머리를 하고 딱 달라붙는 찢어진 바지에 그것보다 더 꽉 끼는 셔츠를 입고 있었죠. 당신은 엄마 미용실에 모인 여자들처럼 온갖 가십을 늘어놓았어요. 유독 피부가 어두운 당신은 그때부터 이미 화장을 하고 다녔어요. 당신의 절친 코리는 당신보다 피부가 밝고 떡 벌어진 체구였는데 당신처럼 목소리가 카랑카랑했어요.

당신들은 나머지 일행과 동떨어져 한쪽 구석에 있었어요. 받아들여지지 않아서, 환대받지 못해서가 아니었어요. 당신들은 이모할머니, 그러니까 마거릿의 사람들이었으니까요. 내니는 당신들을 '저지시티 크루'라고 불렀답니다. 이모할머니 마거릿부터 마거릿 할머니의 딸 토니 이모, 토니 이모의 아들 롭과 폴, 레너드, 사촌 에인절, 숀, 그리고 당신까지가 그 크루 사람들이었어요.

당신은 우리 엄마를 참 좋아했어요. 얼핏 봐도 무척 가까워 보였고요. 그날 나는 당신과 당신 친구들을 줄곧 관찰했답니다. 대화에 끼기엔 너무 어렸지만 알아들을 만큼은 됐어요. 나는 당신에게서 눈을 뗄 수 없었어요. 충격적이었달까요. 내가 무엇을 보고 있는 건지 어린 나이에 이해하기는 어려웠죠. 하지만 당신이 어떤 존재건 간에 언젠가 내가 당신과 같아지겠구나, 느낄 수 있었어요.

주변에 G.G. 형이 있기는 했지만, 형은 자신의 섹슈얼리티에 관해 입을 연 적이 없었고 게이라는 의심을 떨쳐내려고 일부러 집에 여자친구를 데려오기도 했어요. 어렸을 때 내가 본 G.G. 형은 벽장에 숨어 있는 사람이었죠. 그래서 그날 공원에서 당신을 본 순간이 유독 강렬한 기억으로 남았나 봐요. 지금까지도 그래요. 자신과 비슷한 사람이 존재하고, 번영하고, 일하는 모습을 목격해야 비로소 자기 존재를 보게 될 때가 있죠. 당신이 당신의 모습을 드러내기까지 얼마나 용기가 필요했을지 나는 감히 짐작만 할 따름이에요. 안전한 집이 있는 것과 별개로 이 세상은 당신 같은 사람에게 안전한 공간이 아니니까요.

당신이 세상을 떠난 지 몇 년이 지났지만, 이 세상은 아직도 트랜스들에게 안전하고 다정한 곳이 아니랍니다. 가끔은 영원히 그럴까 봐 겁이 나요. 하지만 달라진 게 있다면, 지금은 내가 매일매일, 당신 같은 사람을 위해 온 힘을 다해 싸우고 있다는 거예요.

그날 이후 가족모임이 열릴 때면 '저지시티 크루'와 당신을 보았어요. 당신은 모임에 종종 코리를 데려왔고요. 그런데 당신은 매번 어딘가 조금씩 달라져 있었어요. 처음은 옷이었죠. 언제부턴가 당신은 가족모임에 치마를 입고 왔어요. 그걸 가지고 뭐라 하는 사람은 아무도 없었어요.

그다음으로 달라진 부분은 손톱과 가발이었어요. 그리고 만날 때마다 목소리와 이목구비가 조금씩 여자 같아졌어요. 공원에서 처음 봤던 호리호리한 젊은 남자는 조금씩, 놀 줄 알고 똑똑한 젊은 여자의 모습으로 바뀌어 갔어요. 당신이 늘 꿈꾸던 당신의 모습이었죠. 처음 당신을 본 순간 내가 당신에게서 감지한 모습이기도 했어요.

마음속으로 나는 당신 같은 사람이 되기를 빌었어요. 여성성과 남성성을 모두 지녔으나 그걸 표현할 공간이 허락되지 않은 어린아이는 자신과 가장 닮은 무언가를 따르기 마련이죠. 내게는 그게 당신이었어요. 내가 남자애인지, 여자애인지, 그것도 아니면 과학 프로젝트인지 알 수 없었지만, 당신의 존재가 있었기에 나도 어떤 형태로든 존재한다는 것을 알았어요.

잠시 여기서 에피소드를 하나 풀고 당신에게 하던 말을 마저 해야겠네요.

"저메인이 이제 자기를 호프라고 부르란다." 하루는 다들 테라스에 모여 있는데 내니가 말했다. 당시 나는 열네 살이었고, 그날은 내니가 준비한 가족 식사를 위해 모인 자리였다.

"호프요?" 엄마가 되물었다.

"그래. 호프 로레타 큐레턴으로 개명했대."

가족이 입을 모아 "로레타!!!" 하고 외쳤다. 그 소리에 나무에 앉아 있던 새들이 놀라 푸드덕 날아올랐다.

누군가 이렇게 말했던 기억이 난다. "세상에, 로레타가 여기 있었으면 좋아서 난리가 났겠어." 모두가 와아 웃음을 터트렸다.

나는 로레타가 누구냐고 물었다. 잠시 침묵이 흘렀다. 엄마가 설명해줬다. "로레타는 마거릿 이모 딸인데, 천식 발작으로 이른 나이에 세상을 떠났단다. 저메인 엄마고."

"안에 들어가서 앨범을 가져오거라." 내니가 내게 말했다. "로레타 사진이 있을 거다." 나는 거실로 달려가 앨범 몇 권을 집어들고 테라스로 갔다. 내니가 건네받은 앨범을 뒤적였다. 한 장 한 장 넘길 때마다 옛 기억이 나는지 잔잔히 미소를 지었다.

"여기 있네, 로레타." 내니가 마침내 로레타를 찾아냈다. 자동차 후드 위에 우리 엄마와 로레타 이모가 나란히 앉아 있었다. 닮은 두 사람은 활짝 웃고 있었다.

"로레타는 가장 친한 친구였단다. 늘 붙어 다녔는데." 엄마가 말했다. 그날 안 사실이지만 엄마는 저메인의 대모였다. 로레타가 세상을 떠나면 엄마가 저메인을 맡아 기르기로 미리 마음의 준비를 해뒀다는 뜻이었다.

흑인 커뮤니티에서 대부모의 의미는 대단히 크다. 대부모가 되겠다는 법적 문서를 남기는 경우도 많다. 엄마는 저메인을 맡아 기르진 않았으나 꾸준히 저메인의 안부를 챙겼다. 생일과 크리스마스가 되면 빼놓지 않고 선물을 보냈다. 두 사람은 서로를 아주 많이 아꼈다. 그만큼 엄마는 대모로서 책임을 다했다.

그날 엄마가 이렇게 말했던 기억이 난다. "저메인이 호프가 되고 싶다고 하니 우리 모두 그 앨 호프라고 불러야 해요."

내니는 콧방귀를 꼈다. "나는 호프라고 안 부를 거야. 저메인이니까."

엄마와 이모들은 '당장 그 말 취소해요'라는 표정으로 내니를 쏘아보았다. 내니는 옛날 사람이었다. 사랑이 넘치는 것과 별개로 어떤 변화는 한사코 받아들이기를 거부했다. 정확히 어떤 일이 벌어지고 있는지 이해를 못해서기도 했다. 또 한편으로는 규범에 들어맞지 않는 사람들이 사회에서 어떤 위험에 처하는지를 잘 알아서기도 했다. 내니는 우리가 어떤 사람인지와는 상관없이 일단 안전하기를 바랐다. 그럼에도 분명 고집불통인 구

145

석이 있었고 언제나 자기 방식을 고집했다.

그날도 늘 그렇듯 오후 느지막이 저지시티 크루가 도착했다. 맥주 한 짝과 카드놀이에 걸 판돈, 그리고 상스러운 이야기를 할 마음가짐을 가지고서. 차에서 내리는 호프를 향해 내가 인사했다. "안녕, 저메―호프."

호프는 활짝 웃으며 대답했다. "안녕, 맷! 와서 안아줘, 베이비." 나는 호프를 껴안았다.

내니는 호프를 보자마자 표정을 일그러뜨렸다. "왜 저메인으로 부르지 말라는 거야?"

호프는 익살맞게 대꾸했다. "루이즈 할머니, 난 여자잖아요. 어울리는 이름을 갖고 싶었어요. 그래서 고른 게, 호프."

"너한테 그게 필요하긴 하겠구나. 호프." 내니의 말에 모두가 자지러졌다. 호프는 말할 것도 없었다. "호프라고 부르긴 하겠다만 가끔 저메인이라고 부를지도 몰라. 네가 기저귀를 차고 돌아다닐 때부터 너를 저메인이라고 불렀으니까. 시간이 좀 걸릴 거다, 늙은이라."

호프는 웃으며 대답했다. "뭐라 부르든 대답할게요, 루이."

"그래, 내 새끼. 이제 한번 안아보자."

내니는 언제나 그렇게 까칠한 구석이 있었다. 본심과 다르게 말로 상처를 주려는 사람은 아니었다. 그냥 자신의 시스템에서 벗어나는 것이 있으면 한마디 해야 직성이 풀리는 사람이었다. 그게 내니가 상황을 이해하고 자기 의견을 내는 방식이었다. 그날은 우리 모두에게 즐거운 순간이었다. 이모들은 일부러 유난을 떨며 호프를 불렀다. "알았어요, 호프 아가씨" "그렇구나, 호프" 하면서. 혼란스럽고 불확실했지만, 우리는 자긍심을 느꼈다.

　호프, 이제 다시 당신에게 하는 말이니 잘 들어줘요. 트랜지션을 선택한 건 참 씩씩한 결정이었고, 나는 그걸 자랑스럽게 생각해요. 그런 존재가 살아가기에 이 사회는 전혀 안전하지 못하잖아요. 나도 당신만큼 자긍심을 가지고 살았다면 어땠을까요. 나는 그러지 못했거든요. 당신 같은 사람과 함께 있으면 남들이 나를 이상하게 생각할까 싶어 두려웠어요. 이미 나의 섹슈얼리티만으로 충분한 적개심을 느끼며 살았으니까요. 열네 살의 나는 공개적으로 당신과 함께할 준비가 되어 있지 않았어요.
　하지만 당신 덕분에, 나는 내가 존재한다는 걸 알았답니다. 10대 초반에 이미 나는 트랜스젠더가 되지는 않으리라는 것을 깨달았어요. 그리고 나와 비슷한 사람들이 어딘가에 있으리라는 걸 알았죠. 퀴어가 된다는 것은 여정이에요. 어둠에 묻힌 정체성이 세상에 모습을 드러내면 길은 끊임없이 달라져요. 한때는 감춰야 했던 관계들이 무엇보다 주목받기도 하고요.
　내 여정은 이랬어요. 나는 여성적인 아이였고, 따라서 여자가 돼야 한다고 생각했어요. 여자애들이 좋아하는 걸 좋아했고 걔네들처럼 행동했으니까. 다섯 살부터 열두 살까지는 정말 그렇게 생각했어요. 젠더와 섹슈얼리티에 관한 언어를 미처 습득하지 못했을 때거든요. 상상 속에서 나는 남자아이가 아닌, 도미니크라는 여자아이로 존재했어요. 당시 내가 선망하던 체조 선수 도미니크 도스Dominuque Dawes에서 따온 이름이었답니다.

내가 여자아이가 되고 싶었던 건 아마 남자아이들에게 끌려서 아니었나 싶어요. 남자아이들을 좋아하는 건 여자아이들이었으니까요. 그때는 남자도 남자를 좋아할 수 있다는 걸 몰랐고 당시에는 남자를 좋아하는 남자는 트랜지션을 하게 된다고만 생각했어요. 나의 사촌처럼요.

그래서 나도 트랜스젠더가 되겠거니 생각했어요. 나는 '여자가 되고 싶어 하는 남자아이'였으니까. 그리고 그런 존재를 형상화한 게 당신이었답니다. 어린 시절에는 한동안 그렇게 믿었어요. 언젠가 나도 여자로 트랜지션 하리라고 말이에요.

그러다 고등학교에 들어갈 무렵 생각이 바뀌었어요. 그때부터 〈리얼 섹스〉, 〈퀴어 애즈 포크〉 같은 프로그램을 몰래 보기 시작했거든요. 그런 쇼에 등장하는 인물들은 거의 다 백인 게이들이었지만, 나는 그걸 보며 미처 몰랐던 문화의 맥락을 깨쳤고 나처럼 여성적인 성향의 남자들이 있다는 걸 알았어요.

그렇게 나는 스스로 게이라는 걸 깨달았어요. 나는 남자아이를 좋아하는 남자아이였고, 자연스럽게 어른 남자를 좋아하는 어른 남자가 되었죠. …… 그리고 이제는 나의 여러 정체성에 애정이 생겼어요. 나이를 먹을수록 세세한 라벨에 신경쓰지 않고 실제로 내가 좋아하는 것들에 나를 더 맞추게 됐죠. 트랜스 사람들과 LGBTQIAP+ 머리글자로 대표되는 사람들을 향한 끌림이 나의 퀴어 정체성을 형성했어요. 퀴어라는 라벨은 나라는 존재, 그리고 내가 되고픈 존재를 가장 잘 아우르죠. '다르다'고 느끼던 한 소년이 어느덧 퀴어임을 자긍하는 사람이 되었네요.

그때도 당신은 내가 다르다는 걸 알았어요. 자주 대화하지는 않았지만, 당신은 나의 다름을 알고 있다는 걸 넌지시 티 내곤 했어요. "항상 기억해, 맷. 커버걸과 커버보이는 다르단 걸." 그날 가족모임에서 당신이 내게 해준 말이에요. 뙤약볕이 내리쬐는 바깥으로 나가기 전 화장을 고치는 당신을 보며 난 깔깔 웃었죠. 당신의 가장 친한 친구 코리도 함께였는데, 당시 코리가 개명한 이름은 '쿠키'였어요. 당신과 쿠키는 가족모임에서 가장 재미있는 사람들이었어요. 다들 두 사람 주변에 모여 앉아 이야기를 듣곤 했으니까요.

당신은 불장난 연애담부터 클럽에서 있었던 일화, 요즘 근황 등을 이야기했어요. 엄마는 살짝 걱정하는 눈치였어요. 이따금 당신이 남자들을 만나며 겪는 문제들이나 섹스가 화제로 오르곤 했으니까요. 당신과 코리는 당신들에게 수작을 부리는 남자들이 그걸 늘 감추고 싶어 한다고 했어요. 공개적으로 이성애자 여자들과 데이트하는 남자들에게서 빼먹는 게 쏠쏠하다고도 했죠. 밖에서 그런 남자들을 보면, 그들의 진실을 아는 당신과 코리는 웃음이 난댔어요.

트렌스젠더와 함께 사는 건 우리 가족에게 평범한 일이었어요. 그렇지만 그런 경험을 안 해본 사람이 훨씬 많아요. 내니와 엄마는 우리 가족만 이렇다는 말을 자주 했어요. 우리 가족 중에 퀴어 숫자를 헤아려보면, 한 인간이 퀴어로 태어나는 것인지, 아니면 그렇게 자라는 것인지에 대한 논쟁이 떠오른답니다. 그 논쟁이 우스운 이유는, 사실 퀴어함이 출생할 때 부여받는 것인지 선택에 의한 것인지가 하등 중요하지 않기 때문이에요. 퀴어는 그냥 퀴어로 존재하는 것이지 누구에게도 그걸 바꿀 권리는 없어요. 우리 가족이 그런 시도를 하지 않은 건 참 다행이라고 생각해요.

대학에 간 후로는 예전만큼 고향에 자주 가질 못했어요. 가족모임이 아니면 당신을 보기가 힘들어졌죠. 그래도 나는 언제나 당신을 사랑했어요. 언젠가부터는 당신과 함께 밖을 돌아다니는 데도 거리낌이 없어졌어요. "날 마트에 데려다줘, 맷!" 그 시절 당신이 내게 자주 하던 말이었죠.

사실 그때는 왜 매번 마트에 데려다달라고 하는 건지 이해를 못했는데, 이제는 알 것 같아요. 나조차 나를 모를 때 당신은 내가 어떤 아이인지 정확히 알고 있어서 우리 둘만의 시간을 만든 거예요. 우리는 다름을 온전히 이해하고 서로 함께일 수 있는 공간이 필요하단 걸 아는 두 사람이었어요. 당신이 피우던 담배, 그 망할 버지니아 슬림을 사러 월그린스 마트까지 걸어가는 내내 우리는 깔깔 웃고 농담을 주고받았죠.

해가 지날수록 웃을 일이 줄어들었어요. 당신이 가족모임에 나오는 횟수도 적어졌고요. 가족들 말로는 당신이 '병'에 걸렸댔어요. 누군가는 유방 이식물이 혈액에 들어갔다고 했어요. 돌팔이 의사가 질 안 좋은 호르몬 주사를 놓았기 때문이라고 하는 가족도 있었어요. 하지만 사실은 다들 뭐가 문제인지 알았던 것 같아요. 지금까지도 날마다 우리를 좀먹는 병 때문이었죠.

내니 집에서 마지막으로 당신을 봤어요. 당신은 가족모임을 하러 올 만큼 기력을 되찾았지만 바깥바람을 쐬는 건 무리였죠. 그래서 소파에 앉아만 있었어요. 얼굴뼈가 앙상하게 드러날 만큼 눈에 띄게 살이 빠져 있었죠. 나는 울고 싶었어요. 당신이 겪는 고통이 언젠가 내 것이 되리라는 생각에 무서웠어요. 마지막이 얼마 안 남았다는 걸 모두 알고 있었지만, 당신은 계속해서 난잡한 이야기와 농담을 늘어놓았어요. 우리는 당신 곁에 모여 앉아 웃고 또 웃었죠. 우리는 당신이 살아주기를 희망하면서도, 호프 당신과 웃을 날은 이번이 마지막이란 걸 짐작했어요.

버지니아 리치먼드에 살던 시절, 그 전화를 받았어요. 사실 전화를 받기 전에 이미 마음속으로 당신이 떠났다는 걸 느꼈어요. 난생처음 꿈에 당신이 나왔거든요. 흑인 문화 중에는 한 사람이 사후세계로 넘어갈 때 살아생전 못했던 말을 건네려고 주변 사람들 꿈에 나온다는 설이 있잖아요. 그날 밤 당신이 내 꿈에 '방문'했어요. 별거 없는 대화를 나눴지만 아름다웠어요. 당신은 나와 당신이 형제라고, 자기는 괜찮을 거라고 말해줬죠.

나는 마음속에서 당신이 숨을 거둔 마지막 순간에 대한 일화를 수없이 반복한답니다. 온 가족이 저지시티에 있는 마거릿 할머니네에 모였다고 했어요. 당신은 침대에 누워 희미하게 숨 쉬고 있었지만, 정신만큼은 맑은 상태였죠. 가족과 친구들이 침상 주위를 둘러쌌어요. 다들 한 마디씩 건네느라 금세 방 안이 시끄러워졌죠. 결국 내니가 못 참고 나섰어요. "됐어. 다들 나가 봐"하고 소리친 거예요. 당신 엄마가 세상을 떠난 후로 당신을 돌본 마거릿 할머니에게도 내니는 이렇게 말했대요. "너도 얼른 나가!" 마거릿 할머니는 내니 말을 따랐고요.

내니가 의자를 끌고 침대 옆에 앉아 당신 얼굴을 똑바로 보며 말을 건넸어요. "됐다, 호프. 심술궂은 루이즈 이모할머니. 너무 시끄럽길래 내가 다 쫓아냈어. 이제 편히 쉬거라."

그리고 마침내 당신은 편히 쉬게 됐어요. 위아래로, 그러다 아래로, 더 아래로 굴곡진 삶을 산 한 명의 여인이, 마침내 무거운 짐을 내려놓게 된 것이죠.

당신은 나에게 내가 어떤 사람인지를 알려줬고, LGBTQIAP+ 커뮤니티가 실제로 존재한다는 사실도 가르쳐줬어요. 그런 당신이 30대 초반에 세상을 떠난 건 온당치 못한 일이에요.

죽음은 새로운 삶을 가져다준대요. 요즘 나는 나 자신과 우리 커뮤니티를 위해 열심히 싸우고 있어요. 그게 파괴되는 모습을 직접 목격했거든요. 흑인다움이 퀴어함을 용인하지도 보호하지도 못하고, 백인 사회가 우리 모두를 파멸시키고 싶어 할 때의 모습을요. 당신은 내게 희망을 주었어요. 원하는 모습대로 살다가 그 모습 그대로 세상을 떠난 당신이요.

많이 보고 싶어요. 존재한다는 이유만으로 폭력에 맞닥뜨리는 당신의 커뮤니티를 볼 때면 특히 더 그리워요. 어느 길로 가건 내 모습대로 존재하다 떠날 수 있는 것은 아름다운 일이에요. 당신과 당신의 여정을 지켜보며 얻은 깨달음이랍니다. 이제 당신의 이야기는 나의 글을 통해 이곳에 영원히 존재할 거예요. 이 걸 읽을 누군가는 당신이 존재했기에 자신도 존재하고 있음을 비로소 깨달을 거예요.

엄마에게

엄마가 나한테 어떤 의미인지는 말로 다 표현할 수 없어요. 엄마는 내가 아는 사람 중에 가장 강인한 사람이에요. 나의 보호자이자 부양자죠. 언제든, 어떤 상황에서든 전화를 걸 수 있는 사람. 나를 위해 기도하는 사람. 필요할 때 조언을 건네는 사람. 필요하다면 언제든 엄마의 의무 그 이상을 감당해내는 사람이에요.

내가 어릴 때 사람들은 나더러 엄마의 쌍둥이랬어요. 그래서 '리틀 K'라는 애칭으로 불리기도 했죠. 내가 엄마의 첫째아이라는 게 엄마에게는 의미가 컸을 것 같아요. 남동생들과 여동생들, 조카아이들 양육을 옆에서 도운 적이 있다고 해도 오롯이 한 아이의 주 양육자가 된다는 건 전혀 다른 일이니까요.

이 세상은 흑인 여성에게 쉼을 허락하지 않아요. 어떤 배제도 없이 흑인 아이를 키우기가 이미 어려운 세상에서, 퀴

154

어인 흑인 아이를 키우기란 훨씬 더 힘들었을 거예요. 엄마는 처음부터 내가 퀴어가 되리란 것을 알았어요. 좀 더 나이가 들면 내게 커뮤니티가 필요하단 것을 일찌감치 안 엄마는 그걸 차근차근 준비해줬어요. 우연찮게도 오드리 이모를 나의 대모로 선택한 것은 우리 가족 내에서 꽤 재미난 대화거리였죠. 하하. 엄마는 무엇이 최선인지를 언제나 알고 있는 것 같아요. 그 선택 역시 옳은 결정이었어요.

처음 엄마를 잃게 될지도 모른다고 느낀 순간이 기억나네요. 평소보다 집에 손님이 많이 온 날이었어요. 그때 나는 열 살쯤이었으니 분위기가 심상치 않다는 것쯤은 눈치챌 수 있었어요. 나는 방에서 나와 엄마가 달린Darlene 이모와 대화 중인 거실로 갔어요. 엄마는 내 표정만 보고도 한눈에 내가 공포에 질렸단 걸 알아봤죠. 그래서 무슨 일이냐고 물었어요. 나는 냅다 엄마 무릎에 얼굴을 파묻으며 울음을 터트렸어요. "엄마한테 무슨 일이 있는 건지 알고 싶어요."

일주일 후, 내니 집에 있던 나와 개릿을 차에 태운 엄마가 이렇게 말했어요. "걱정할 일은 아닌데, 엄마가 뇌수술을 받으러 병원에 가게 됐어. 하지만 다 괜찮을 거야. 알았지?" 우리는 둘 다 알았다고 했어요. 하지만 나는 내심 불안했어요. 아마 엄마는 훨씬 더 힘들었겠죠. 우리에게는 다 괜찮을 거라고 했지만, 분명 의사는 상황이 훨씬 위험하다고 말했을 테니까요.

수술날, 나는 학교에서도 엄마 생각을 하며 수술이 잘 끝

낳을지 걱정했어요. 그런데 엄마는 수술을 잘 이겨낸 건 물론이고, 평소와 거의 다를 바 없이 바로 일을 시작했어요. 엄마는 다른 사람의 도움을 받고 싶어 하지 않았어요. 삶을 포기할 생각도 없었죠. 엄마는 빠르게 회복해 금세 다시 걷고 대화할 수 있게 됐어요. 이런 엄마에게서 나왔다는 사실은 내가 장애물을 만날 때마다 내게 힘을 불어넣어줘요.

아들에게 벌어지는 일 때문에 애태우면서도 차마 묻지 못해 마음고생 한 적이 있을 것 같아요. 그때마다 엄마는 내가 속 시원하게 털어놓길 바랐을 거예요. 지금은 내가 남자에게 느끼는 감정을 엄마에게 더 일찍 말하지 못한 걸 후회해요. 엄마는 분명 준비가 되어 있었을 텐데 말이죠. 엄마 앞에서 안전하지 못하다고 느끼거나 엄마에게 뭔가를 감추려 한 적은 한 번도 없어요. 그냥 전부 나의 문제였어요. 엄마가 나 같은 아이에게 필요한 최고의 환경을 만들어주려고 최선을 다했단 걸 알아요.

엄마와 의견이 부딪혔던 건 딱 한 번이었어요. 엄마는 곧 죽어도 내가 미용 일에 발을 못 들이게 했잖아요. 내 실력이 아주 훌륭했는데도요. 어른이 된 지금은 엄마가 나의 안전을 걱정해서 그런 거지, 내 인격을 무시해서가 아니란 걸 알아요. 세상은 나 같은 아이에게 안전치 못한 공간이니까. 솔직히 말하면 내가 어른이 돼서도 미용 일을 하겠다고 고집했으면 엄마는 신경도 안 썼을걸요. 내가 '엉클'이라 부르는 엄마 남동생도 이발사이자 헤어스타일리스트로 엄마와 함께 일하고 있잖아요.

돈에 허덕이는 나를 위해 엄마는 공과금을 밀려가면서까지 내 뒷바라지를 했어요. 특히 대학에 다닐 때는 내가 쪼들리지 않게 가진 모든 걸 털어 나를 도와줬죠. 스물다섯 살에 엉엉 울며 전화로 커밍아웃했을 때도 엄마는 주저하지 않았어요. 내가 게이라고 해서 가족이 실망할 일은 절대 없다고 말해줬어요. 부디 안전히 지내라고, 현명한 선택을 하라고만 당부했죠. 마지막 그 말에 좀 더 귀 기울일 걸 그랬어요. 물론 내 삶의 궤적이 바뀌지는 않았겠지만요.

세라 이모에게서 전화를 받은 2015년 그날은 태어나서 가장 무서운 기억으로 남았어요. 엄마에게서 뇌동맥류가 발견됐으니 당장 뉴저지로 오라는 전화였죠. 나는 메릴랜드에서 뉴저지로 가는 세 시간 내내 울었어요. 다행히 내가 도착했을 때 엄마는 무사했어요. 큰 뇌수술을 한 번 더 받게 됐는데도, 엄마는 오히려 개릿과 나를 걱정했어요.

엄마는 또 한 번 뇌수술을 이겨냈고 바로 다음 날부터 회복을 위한 싸움에 돌입했어요. 내가 태어나 처음으로 엄마에게 밥을 먹인 날이기도 했죠. 그때는 행복하면서도 서글펐는데, 지금 생각하면 그냥 아름답기만 해요. 평생 나를 위해 살아온 여자를 내가 돌볼 수 있게 됐으니까요. 어린 나를 기르고 어른이 된 나를 키워준 여자. 언제나 나를 자랑스러워할 수 있게 (또 바라건대 더는 일할 필요 없게) 내게 열심히 일할 이유를 주는 여자.

늘 내 곁에 있어줘서 고마워요. 내게 죄책감을 심어주지 않아서, 내가 이 여정의 주인공이라는 확신을 줘서 고마워요. 그리고 사랑해요.

10장

죽음 앞에서 얻은 교훈

아마도 가장 쓰기 어려운 장章일 것 같다. 솔직히 이 장의 주제가 이 책이 다루는 흑인다움이나 퀴어함, 또는 비판적 인종 이론과 상관이 있는지도 확신이 없다. 사실 상관이 없다고 해도 괜찮다. 이 장에서 할 이야기는 해답이랄 것이 없기에 무엇보다 귀중하다. 행복한 결말도 없다. 이 장에서는 사랑과 이별에 관해 우리가 배워야 할 가장 아픈 교훈을 이야기하려 한다. 인간의 시간은 무한하지 않다. 누구도 영원히 곁에 붙들어둘 수 없다.

내니는 마음속 생각을 말하는 데 스스럼이 없었다. 말을 고르지 않아도 되는 자리에 있는 사람이었으니까. 내니의 인생사를 돌이켜보면, 내니는 그 자리를 차지할 자격이 있었다. 말했다시피 내니는 열세 남매의 막내로 나고 자랐다. 젖먹이 아기였을 때 집에 불이 나서 오빠 둘과 언니 하나를 잃었다고 했다. 이후로도 여러 형제자매와 이별했다. 내니는 어려서부터 집에서 대장 노릇을 했다. 대장이 아닌 사람이 되는 법을 몰랐고, 실제로 그 노릇을 끝내주게 잘했다.

사건이 벌어질 무렵, 우리는 10대 아이들이었다. 리틀 럴과 라술, 그리고 사촌형 토머스는 확실히 그랬다. 토머스는 저지시티에 살며 우리 동네에 자주 놀러 오던 바비 삼촌의 아들이었다. 토머스와 놀면 늘 재미있었고 저지시티에서 일어나는 정신없는 일들에 대해 들을 수 있었다. 그 무렵 토머스는 아예 플레인필드로 이사를 와 내니와 함께 살았다. 나는 열두 살, 아니면 열세 살이었고 개릿은 열 살 정도였다.

내니는 '큰집'을 떠나 루이스 애비뉴의 복층 집으로 이사해 세라 이모, 먼치 이모와 함께 살았다. 원래 살던 동네와 정반대에 있는 곳이었지만 여전히 플레인필드에 있었다. 이사한 집은 이전만큼 크지는 않아도 그럭저럭 살만했다. 무척 조용한 동네였고 커다란 뒤뜰과 옆 마당이 딸려 있었다.

이전 큰집에서와 마찬가지로 우리는 학교가 끝나면 내니 집에 모여 놀았다. 우리의 10대 시절이 흥미진진했던 건 감시하는 어른의 존재가 딱히 없어서였다. 리틀 럴과 토머스가 집을 지키는 어른 노릇을 했다. 즉, 어른이 없었다는 뜻이다. 우리는 집에 있는 술을 몰래 홀짝인 뒤 물을 채워넣었다. 이모들은 벽장에 묵혀놓은 술을 거의 마시지 않았기 때문에 들킨 적은 없었다. 케이블 텔레비전으로 야한 채널을 봤고, 상스러운 말을 써댔고, 온갖 쓸데없는 짓들을 했다. 그 시절 내니 집은 사춘기 소년들의 소굴이었다. 누군가 거뭇한 음모가 나기 시작하면 우리는 하이파이브를 하며 자축했다. 그건 '남자가 되었다'는 첫 번째 신호였으니까.

물론 날마다 그럴 수 있는 건 아니었다. 어쨌든 그곳은 엄연히 이모들과 내니가 사는 곳이었다. 우리는 이모들과 내니가 집을 비우는 시간대를 파악해 실컷 비행하고 일탈했다. 그곳은 우리의 또 다른 집이었다. 덕분에 우리는 그냥 사촌이 아니라 친형제처럼 클 수 있었고, 그게 참 좋았다.

내니의 새집에서 가장 즐거웠던 순간을 꼽자면, 지금까지도 인생 최고의 교훈으로 삼는 깨달음을 얻었을 때다. 더 많은 사람이 윗사람을 어떻게 돌보는지를 어린 시절에 배운다면 좋을 것 같다. 특히 나이가 드는 부모와 조부모를 불가피하게 책임지게 될 흑인 아이들이 꼭 배웠으면 한다.

그날 우리는 아래층 뒤쪽 방에 모여 있었다. 방 바깥의 복도를 따라 걸으면 내니 방이 나왔다. 한창 텔레비전을 보고 있는데 멀리서 내니 목소리가 들렸다. "토머스, 얼른 와보거라." 토머스가 복도로 나가 내니 방으로 갔다. 방문을 연 토머스는 냅다 비명을 질렀다. 겁에 질린 소리라기보다 "OMG!"에 가까운 외침이었다.

우리는 허겁지겁 복도를 달려 내니 방으로 갔다. 내니는 옷 벗는 걸 도와달라며 스타킹과 거들 차림으로 서 있었다. 리틀 럴은 웃지 않았지만 나는 토머스의 유난스러운 반응에 웃음이 났다. 사실 나는 내니의 그런 모습에 익숙했다.

리틀 럴과 토머스는 내니와 다시 살게 된 지 얼마 되지 않았던 터라 내니의 그런 모습이 낯설었을 것이다. 하지만 나는 오래 전부터 내니가 옷을 입고 벗는 것을 도왔다. 내게는 지극히 자연스러운 모습이 리틀 럴과 토머스에게는 충격이었던 거다.

내니가 옷을 갈아입을 때 도와야 할 게 몇 가지 있었다. 일단 거들 뒤에 달린 단추를 채워줘야 했다. 내니는 두 번이나 유방암을 이겨낸 생존자였다. 두 번 다 유방 절제술을 받아 양쪽 다 유방이 없었다. 하지만 강인한 전사였던 내니에게 투쟁의 상처는 더 큰 자신감으로 돌아왔다. 내니는 브래지어에 원뿔 모양 보형물을 넣어 사용했다. 이따금 내가 그걸 도왔다.

다들 멀뚱히 서 있는데 토머스가 말했다. "내니, 옷 좀 입어요. 보기 싫단 말이에요!" 그러자 내니가 대꾸했다. "익숙해지렴. 언젠가는 내 엉덩이도 닦아야 할 거다."

그 말에 우리는 전부 터지고 말았다. 내니는 깔깔 웃었고, 우리는 비명을 지르다시피 웃어댔다. 우리 가족은 늘 그런 식이었다. 내니는 우리의 가장이었지만, 가끔은 형제와 다를 바 없었다. "손주들이랑 노니까 재밌네그려." 이내 웃음은 잦아들었고, 내가 방 안으로 들어가 내니를 도왔다. 나는 내니가 외출했다 돌아오면 입는 실내복을 집었다. 흔히 무무muumuu(하와이에서 유래한 통째 원피스 - 옮긴이)라고 부르는 실내복이었다.

내니는 내게 고맙다고 말한 뒤 침대에 누워 텔레비전을 봤다. 나는 사촌들이 노는 방으로 돌아갔다. 앞으로 내니와 어떻게 사냐고 푸념하는 리틀 럴과 토머스 때문에 우리는 또 한바탕 웃었다.

"언젠가는 내 엉덩이도 닦아야 할 거다."

새겨들어야 할 말이었다. 지금까지도 내가 내니에게서 들은 말 중에 이보다 중요한 말을 찾지 못했다. 나는 이후 줄곧 이 말을 마음에 품고 산다. 이 말에는 참 많은 진실이 담겨 있다. 언젠가는 "자식이 부모가 된다"는 진실을 자녀와 손주에게 언제부터 가르쳐야 하는 건지는 나도 잘 모르겠다. 어쨌거나 우리 가족에게는 이것이 첫 번째 교훈이었다. 누구도 이걸 잊은 적이 없다.

부모의 부모 역할을 할 준비가 되어 있지 않았던 순간이 떠오른다. 내가 열 살 때 엄마가 첫 번째 뇌수술을 받았다. 수술받던 날과 전후 몇 달의 시간이 생생히 기억난다. 수술은 무사히 끝났으나 친척 어른들은 나와 개릿이 수술 후 엄마 모습을 보는 걸 원치 않았다. 결국 우리는 엄마가 회복하는 동안 내니 집에 맡겨졌다. 몇 주 후 퇴원한 엄마를 다시 만났다. 엄마 머리 옆에 철심이 박혀 있는 걸 본 내 눈은 동전처럼 휘둥그레졌다.

엄마는 잔뜩 겁에 질린 나와 개릿을 보며 괜찮다고 다독였다. 엄마와 다시 만나 행복했지만, 앞으로 뭘 해야 되는 건지 몰라서 막막했다. 고작 열 살짜리가 부모를 어떻게 돌봐야 하는 거지? 당시 나는 혼자서 시리얼을 부어먹고 몇몇 집안일을 겨우 하는 정도였다. 부모를 돌본다는 것은 당시 나와 동생 같은 어린 아이들이 맡기에 너무 버거운 역할이었다.

우리 가족 역시 아이들이 어른 노릇을 할 때는 아니라고 판단했다. 엄마는 반년 이상 정상적인 생활이 어려운 상태였다. 내니와 내니의 교회 친구들이 돌아가며 엄마를 돌봤다. 우리 집에 와서 음식을 차리고, 청소하고, 날마다 우리 형제의 등교를 도왔다. 내니는 아예 손님방에 살며 엄마를 돌봤다. 우리 가족은 언제나 어떻게든 방법을 찾아냈다. 덕분에 아이였던 우리 형제는 계속 아이답게 클 수 있었다.

열다섯 살 이후부터는 조금씩 어른을 돌보는 역할을 맡게 됐다. 이모할머니 에블린이 내게는 레스터 삼촌이었던 자기 남편 간호를 도와달라고 부탁했다. 뇌졸중으로 쓰러졌던 삼촌은 혼자서 일상생활이 거의 불가능했다. 이모할머니는 이따금 내게 심부름을 시켰고 삼촌을 돌봐달라고 했다.

처음에는 이모들과 삼촌들이 레스터 삼촌을 돌보겠다고 나섰으나 웬일인지 에블린 할머니가 마다했다. 그러고는 나를 콕 집어 부탁한 것이다. 나 역시 흔쾌히 수락했다. 엄마는 연거푸 내 의사를 확인했다. "진짜 하고 싶은 거야?" 나는 이렇게 대답했다. "그럼요. 레스터 삼촌이잖아요. 도와드리고 싶어요." 엄마가 에블린 할머니 집에 데려다주면 나는 몇 시간씩 삼촌을 돌봤다. 그러고 에블린 할머니가 주는 용돈을 받아 집으로 돌아왔다.

그때는 내가 얼마나 막대한 책임을 지게 된 것인지에 대해 생각하지 않았다. 웃어른을 돌본다는 것은 진정한 축복이다. 그들은 살아 있는 조상이자 우리가 태어나기도 전에 우리 앞에 놓인 길을 닦아놓은 사람들이다. 우리가 그들을 돌보는 것은 최소한의 도리다.

언젠가 엉덩이를 닦을 날이 올 거라는 내니 말은 *진짜*였다.

2018년 7월 23일, 우리 가족은 뉴저지 서밋에 있는 오버룩 병원 대기실에 모였어요. 의료진 말로는 내니, 당신 뇌에서 암 덩이가 발견됐죠. 교모세포종이라고 하는 희귀 종양이었고 제거하려면 수술이 필요했어요. 나는 마침 원고를 막 완성한 후였는데, 그때만 해도 이 장의 결말은 사뭇 달랐답니다. 내니가 수년 전 농담 삼아 한 말이 서서히 현실이 돼가고 있었어요.

8월 중 일주일을 통째로 비워 엄마와 이모들이 집에 없을 때 제가 내니 곁을 지켰어요. 내니가 방사선과 화학요법 치료를 처음 시작할 때도 함께였고요. 매일 내니가 먹을 아침을 요리했고, 옷 입는 걸 도왔어요. 인슐린 용량을 재서 하루에 세 번 주사를 놓기도 했어요. 심지어는 목욕을 도왔고 침대 옆에 놓인 휴대용 변기를 비웠어요. 한 번도 그런 게 싫었던 적은 없어요. 20년 전 내니의 가르침이 그제야 빛을 발하게 된 거죠.

어째서 이 장이 이 책 전체를 정의하는지 이제야 알 것 같아요. 내니, 당신이 없었다면 이 책은 세상에 나오지 못했어요. 여기 적힌 모든 이야기가 없었을 테고, 나의 배ship를 이끌어준 내니가 없었다면 지금 이 이야기를 하는 나 또한 없었을 테니까요. 어린 시절부터 청소년기, 어른이 되어서까지 항해 내내 나를 지킨 건 내니였어요. 가장 어둡고 두려운 순간에도 내니는 남겨질 우리만 걱정했어요.

이 세상이 내니와 이 이야기에서 배울 것이 있다면, 무조건적인 사랑이 아닐까 싶어요. 자신을 돌보던 사람을 돌보게 된다는 건 세상에서 가장 강렬한 경험이자 변화예요. 나를 구원한 내니 덕에 내가, 나의 글이, 우리의 이야기가, 사람들을 구하게 될 거예요. 결국 남는 것은 이야기일 테니까.

책 계약을 하던 날, 자꾸 어떤 장면이 머릿속에 그려졌어요. 나들이옷을 입고 출간 행사에 온 내니가 늘 그렇듯 미소를 짓고 있어요. 나는 그 앞에서 내니에 관한 대목을 낭독해요. 내니가 완성된 책을 보게 될지는 모르겠지만요.

죽음 앞에서 얻은 교훈은 지금도 유효해요. 흑인 퀴어로서 지금껏 숱한 일을 겪었지만, 그래도 나는, 내니가 선택한 것처럼, 이곳을 떠날 때 아무런 후회도 없고 싶어요. 아직 쌓을 추억이 많다지만 언젠가 우리의 마지막 장은 오기 마련이니까요.

2018년 크리스마스가 지나고, 내니와 나란히 앉아 내니의 장례식을 계획했어요. 울거나 그러진 않았어요. 내니다웠죠. 내니는 그런 사람이에요. 통제할 수 있는 것은 어떻게든 통제해야 직성이 풀리는 사람. 그날 내니는 이렇게 말했어요. "이놈의 암이 내 목숨을 가져가리란 걸 받아들였어. 당장 내일 떠난다는 소리는 아니지만, 일단 모든 걸 정리해두고 싶구나."

내니는 1980년대에 유방암을 이겨냈고, 1990년대에 다른 쪽 유방에 암이 생겼을 때도 역시 이겨냈어요. 2000년대에는 암이 폐로 전이됐는데도 어김없이 살아남았어요. 이제는 뇌 속에 암이 생겼네요. 도무지 당해낼 수가 없는 곳에 말이에요. 하지만 암세포도 내니가 얼마나 위대한 여자인지 미처 몰랐을 거예요.

결국 낭패를 볼 쪽은 암세포겠죠. 언젠가 내니는 암세포가 닿을 수 없는 곳에 가게 될 테니까.

이제 나는 내 힘으로 삶을 통제하고 있어요. 내가 바꿀 수 있는 것들에 에너지를 쏟고, 나머지 것들을 위해서는 기도를 올려요. 내니가 말했듯, 아무런 후회도 없이 살고 있어요. 우리에게는 아직 이곳에서 함께할 시간이 남았어요. 그 추억은 영원할 거예요. 고마워요.

고등학교 졸업식날 재닛 존슨, 조지, 앤드리아 넬슨

11장
'남자애들이 다 그렇지'라는 말

형이 죽은 지금 형 이야기를 써도 될지 고민했어.

이 이야기를 꺼내서 형을 기억하는 사람들의 시선을 바꿔도 될지, 아니면 사람들 기억 속 형의 모습을 지켜줘야 하는 건지 고민되더라. 그런데 이 책을 준비하면서 세라 이모와 나눈 대화 덕에 여기까지 오게 됐어. 이모는 이야기 전부를 말할 책임이 내게 있다고 했어. 우리 가족은 우리에게 상처를 준 사람들조차 지키려고 하지. 그 상처가 아주 깊더라도 말이야.

형이 죽은 지금 형 이야기를 써도 될지 고민했어.

그래서 삼촌과 형 이야기를 나눴어. 솔직히 우리 사이에 있었던 일을 삼촌에게 꺼내는 건 참 어려웠어. 삼촌이 나를 얼마나 아끼는지 잘 아니까. 내게 권투를 알려준 것도 삼촌이었잖아. 그 일을 말했다가는 삼촌에게 너무 큰 짐을 안기는 게 아닐까 싶었어.

그런데 놀랍게도 삼촌은 이미 오래전부터 짐작했다더라. 그러면서 그 일을 있는 그대로 쓰지는 말라고 했어. 나의 존엄성을 생각하라면서. 그래서 나의 존엄성과 우리가 한 일에 대해 생각해보았어. 사회에서 길을 잃고 헤매다 서로의 섹슈얼리티를 발견한 두 소년에 대해서.

형이 죽은 지금 형 이야기를 써도 될지 고민했어.

가까운 가족들, 엄마와 개릿에게도 털어놓았어. 다들 말해도 괜찮다고 해줬어. 그 일이 지금의 나를 만들었고, 그걸 반추하다 보면 내게 어떤 일이 일어났던 건지 비로소 알게 될 거라고 말이야. 가족들은 그렇다고 형에 대한 감정이 바뀔 일은 없다고, 세상에 그 일을 알리기 전에 가족이 받을 고통을 배려해줘서 오히려 고맙다고 했어. 덕분에 쓰기에 가장 힘겨웠던 이야기를 비로소 쓸 자신감을 얻었어.

형이 죽은 지금 형 이야기를 써도 될지 고민했어.

형은 내니 손주 중에 가장 먼저 세상을 떠난 사람이니까. 하지만 내니는 계속 형을 사랑할 거고 또 나를 사랑할 거야. 우리 사이에 무슨 일이 있었건 우리에 대한 내니의 마음은 변함이 없어.

그래서, 형이 죽은 지금 우리의 이야기를 적어보기로 했어……

그 일이 있었을 때 나는 열세 살 정도였어. 크리스마스 연휴라 다들 각자 집에 있었지. 전화가 울리기 전까지는 평소와 다를 바 없는 저녁이었어. 내니 집에서 리틀 럴과 라술 형이 다퉜다는 전화였어. 나보다 몇 살이 많은 형들은 그 시절 어떻게든 싸울 건수를 찾아다니는 것 같았어. 다행히 이모들과 내니가 싸움을 말렸지만, 형은 그 집에서 못 자겠다고 했고, 우리 집에 오겠다고 했어. 엄마는 그러라고 했지.

형은 멋진 사촌이었어. 나이는 나보다 네다섯 살쯤 많았지. 잘 웃고, 농담을 좋아하고, 좋은 점은 전부 갖고 있었어. 형은 고등학교를 마치기 위해 내니 집에서 사촌형들과 함께 생활했지. 바비 삼촌의 외동아들이었는데 삼촌과 관계가 꽤 서먹했거든. 그때는 이유를 몰랐는데 이제는 알 것 같아. 그러고 나니 형을 더 이해하게 됐고 다른 시선으로 바라보게 됐어. 형은 180센티미터가 훌쩍 넘는 키에 보통보다 살짝 마른 체격이었어. 까무잡잡한 피부에 누가 봐도 매력적인 소년이었지.

엄마가 형을 데리러 나갔고 동생과 나는 들떠서 형을 기다렸어. 집에 온 형과 함께 카드놀이를 하고 영화를 보고 시도 때도 없이 실없는 농담을 주고받았고 밤늦게까지 비디오 게임을 하다 보니 진짜 잘 시간이 되었어. 우리 셋은 침실로 올라갔어. 당시 우리 형제는 이층 침대를 썼는데 동생이 위층에 올라갔고 나와 형은 나란히 아래층에 누웠어.

형이 속삭이던 게 기억나. "맷, 자?" 안 잔다고 하니 형이 그랬지. "쉿, 목소리 낮춰."

위층에서 동생이 이렇게 말했던 것도 기억나. "둘이 무슨 얘기해?"

형이 대꾸했어. "입 닥치고 얼른 자!" 그 말에 우린 다 웃었어.

몇 분간 잠잠하던 형이 또 물었어. "맷, 자?"

이번엔 내가 속삭였어. "아니."

형이 살짝 목소리를 키우더라. "개릿, 개릿!"

동생은 답이 없었어. 개릿은 금방 잠들거든. 한 번 잠에 빠지면 누가 업어가도 모를 만큼 깊이 잠드는 애잖아. 형이 물었어. "느낌 나?"

"응." 웃음이 났어. "엉덩이에서 손 치워."

형이 킬킬댔어. "손 아닌데."

"거짓말." 옆에 누워 있던 형이 내 허리에 자기 양손을 갖다 댔어. 그런데도 계속 무언가가 나를 찔렀어.

형은 발기한 상태였고 나는 긴장이 됐지. "이러면 큰일나."

"아무한테도 말 안 할 거지?" 형이 물었어. "아무한테도 말 안 한다고 약속하는 거다?"

나는 그러겠다고 했어. 형이 내 손을 끌어다 그걸 만지게 했어. 내 것이 아닌 성기를 만진 건 그때가 처음이었어. 그러면 안 된다는 걸 잘 알았어. 사촌들끼리는 그러지 않잖아. 하지만 내 몸이 반응했어. 안에서부터 뭔가가 반응을 한 거야.

내가 다르단 걸 깨달은 일곱 살 때 느낀 감정과 똑같았어. 미식축구보다 줄넘기 놀이가 좋았던 열 살 때의 감정. 사춘기가 온 뒤로 늘 그런 감정을 접냈지만, 또 언제나 꿈꾸기도 했어. 하지만 그렇고 그런 관계는 남자와 여자 사이에서만 일어난다고 생각했으니까, 내면에서 꿈틀대는 무언가를 탐험하게 될 날이 오리라고는 한 번도 상상한 적이 없었어. 머릿속으로 그런 장면을 상상할 때도 함께하는 사람이 형이었던 적은 정말 없었어.

어느덧 우리는 서로 몸을 더듬고 있었어. 나는 즐기지 않으려 애를 썼지. 형은 나의 사촌이었으니까. 우린 가족끼리 넘어선 안 되는 선을 기어코 넘어버린 거야. 하지만 늘 잘못됐다는 느낌을 받던 아이에게 그런 건 지극히 당연하기도 했어. 나와 같은 감정을 느끼는 사람이 있다는 사실만으로도 내 안에서 일어나는 모든 일에 면죄부가 주어지는 것 같았거든. 우리는 진심이었어. 하지만 그걸 몰래 하고 있다는 건, 우리 일이 남들에게 용납되지 않으리라는 뜻이었지. 특히 형의 여자친구에게는.

형이 나더러 조용히 아래층으로 가자고 했어. 형도 눈치챘겠지만 나는 잔뜩 긴장했지. 형은 그런 나를 계속 얼렀어. "맷, 괜찮아. 형 믿어. 아프게 안 해." 당연히 그때까지 형은 나를 아프게 한 적이 없었고 유독 나와 친했어. 나는 형을 참 좋아했어. 누가 나를 괴롭히면 형은 그 사람을 가만두지 않았을 거야. 형의 싸움 실력은 소문이 자자했지. 평생 여자와만 연애했는데도 워낙 게이라고 불리는 일이 많아서 그랬나 봐.

내가 먼저 일어났고 이내 형이 뒤따랐어. 우리는 조심히 발소리를 죽이며 지하실 계단을 내려갔지. 당시 우리 집 지하실은 그냥 창고가 아니었어. 개조한 창고는 대형 스크린 텔레비전과 소파, 바full bar까지 있어서 파티와 모임을 여는 공간이었지.

형이 텔레비전을 켰어. 그리고 살짝 들릴 만큼만 소리를 키웠지. 자정부터 새벽 여섯 시까지 계속 뮤직비디오를 틀어주는 BET 채널이었어. 그때가 아마 세 시쯤이었을 거야. 우리는 소파에 나란히 앉아 텔레비전을 봤어. 나는 긴장해서 아무 말도 못했지. 학교에 가면 다들 첫 경험 얘기를 떠들었지만, 그때까지 나는 누구와도 그런 행위를 해본 적이 없었거든.

한 10분을 그렇게 앉아 있는데 형이 먼저 일어났어. 그러고 나를 일으켜 세웠어. 형은 나보다 키가 훨씬 컸어. 머리 하나는 차이가 났지. 바지를 벗으라는 형 말에 나는 시키는 대로 했어. 형도 바지를 벗고 속옷까지 벗었어. 형은 발기한 상태로 이렇게 말했어. "맛을 봐." 처음엔 웃으면서 거절했어. 그런데 형은 계속 말했어. "왜, 맛. 해보라니까. 우리 같은 남자애들은 서로 좋으면 그렇게 해." 결국 나는 형 말을 따랐어.

그러는 내내 이러면 안 된다는 생각이 들었어. 남자와 성적 관계를 맺어서가 아니라, 상대가 가족이었으니까. 한 45초쯤 지났으려나, 형이 나를 떼어냈어. 그러더니 무릎을 꿇고 눈을 감으라고 했지. 이번엔 형이 내게 오럴 섹스를 해줬어. 세상에 그렇게 이상한 감정은 처음이었어. 애석하게도 당시 나는 퀴어 소년을 위한 섹슈얼리티 교본 따위를 접해본 적도 없었는데, 갑자기 속성 과외를 받게 된 거야. 죄책감과 동시에 희열을 느꼈어. 설명할 수 없는 일이 일어나고 있었거든. 존재하는 줄도 몰랐던 느낌과 감정이었어.

1분 정도 지났을 때 형이 입을 떼고 나를 바닥에 눕힌 뒤 내 위에 올라탔어. 그러곤 앞뒤로 몸을 움직였지. 삽입하진 않고, 몸만 앞뒤로 흔들었어. 우리는 그렇게 서로 밀착해 몇 분을 움직였어. 텔레비전에서는 계속 음악이 흘러나왔고.

흘러나오던 노래는 아레사 프랭클린의 〈장미는 여전히 장미예요〉였어. 남자에게 꽃봉오리가 꺾인 젊은 여자의 노래가 배경으로 흐르다니 참 아이러니했지. 내가 지하실 바닥에 누워 있는 것도 그랬고.

형이 일어나더니 보여줄 게 하나 더 있다며 이번엔 화장실로 가자고 했어. 형은 화장실 불을 켜고 문을 닫았어. 그런 뒤 내 앞에서 자위를 했지. 나는 무슨 일이 벌어질지 몰라 긴장한 채로 형 앞에 서 있었어. "계속 봐, 맷." 나는 형 말대로 몇 분을 서서 지켜봤어.

형 입에서 얕게 신음이 새어나왔어. 나는 어찌해야 할지를 몰라 주춤 물러섰지. 그리고, 그렇게 끝이 났어. 형이 내가 보는 앞에서 변기에 사정한 거야. 그때까지 나는 섹스란 게 정확히 어떤 건지 몰랐어. 그런 주제가 나오면 일부러 피해 다녔거든. 일단 내가 그런 식으로 여자애들을 좋아하지 않는다는 게 분명했으니까. 섹스에 관해 사람들이 맨 처음 묻는 건 "해봤어, 안 해봤어?" 정도였고. 학교의 성교육은 기초 중의 기초만 가르치는 정도여서 나는 섹스에 관해 모르는 게 많았어.

형이 사정하는 모습은 충격이었어. 형이 이렇게 말했던 기억이 나. "정액이란 거야. 나중에 아무도 없을 때 너도 한번 해봐. 이상한 느낌이 나다가 이런 게 터져나올 거야."

나는 형을 보며 대답했어. "난 못해. 아직 어리단 말이야."

형이 웃음을 터트렸어. "맷, 너도 다 컸어. 한번 해봐."

그때쯤 이미 두려움은 사라진 후였어. 어차피 선은 넘을 대로 넘어버렸으니까. 끝내 나는 이렇게 답했지. "난 싫어."

"알았어. 그럼 이제 자러 가자."

우리는 다시 위층으로 올라가 잘 준비를 했어. 형은 벽을 보고 누웠고, 나는 그대로 몇 시간을 앉아 있었어. 날이 밝을 때까지 그대로. 뭘 어떻게 해야 하나, 무슨 말을 해야 하나, 앞으로 엄마 아빠 얼굴은 어떻게 보나, 뭐 그런 생각을 하면서. 그러다 새벽녘에야 겨우 잠들었어. 일어나보니 형은 이미 깨어 있더라. 형은 침대에 누워 내 뒤에서 텔레비전을 보고 있었어. 내가 몸을 돌려 형을 보자 형은 이렇게 말했지. "약속 기억하지, 맷?"

"아무한테도 말 안 해." 그리고 정말 그랬어. 그날 밤 일은 우리 둘만의 비밀로 남았어.

섹스에 대해 쉬쉬하는 것은 내게 자연스러운 일이 됐어. 그날 밤이 지나고 2주 후에 나는 처음으로 자위를 해봤어. 형 말이 맞더라. 형이 말한 느낌을 모를 만큼 내가 어리지 않았어. 나중에 알게 됐지만, 그 느낌은 오르가슴이었지. 형이 내게 한 짓이 잘못됐다는 건 알았지만 어쨌거나 내가 남자에게 끌린다는 사실은 분명해졌어. 사춘기가 시작되고 나서는 그런 감정을 더 억누를 수밖에 없었어. 성적 호기심이 왕성한 10대 아이들이 와글대는 고등학교 입학을 앞두고 있었으니까.

그래서 내가 선택한 건 억압이었어. 나는 여성적인 소년이면서도 스포츠를 하고 욕을 지껄이고 잔잔한 괴롭힘에 맞섰지. 하지만 아무리 숨기려 해도 내가 여자에게 관심이 없다는 걸 모두가 알아챘어. 그런데도 나는 아닌 척했어. 첫 경험이 없는 것도 아무렇지 않아 했고. 사실 나는 마음의 준비가 되어 있지 않았어. 갑자기 받게 된 속성 과외는 모르는 사람과 섹스할 준비를 시켜주기는커녕 죄책감만 심어줬거든.

안타깝게도 내 신뢰가 깨어지고 의지가 시험받는 일이 한 번 더 생겼어. 이번엔 고등학교 화장실에서였지. 오후 한 시쯤이었을 거야. 수업 도중에 선생님에게 화장실에 다녀와도 되냐고 물었을 때까지는 평소와 다를 게 없었어. 계단을 올라 가장 가까운 화장실로 갔어. 수업 시간이었으니 화장실에는 나뿐일 거라고 생각했지.

지퍼를 내리고 구석에 있는 소변기에 소변을 눴어. 10초 정도 지났을까, 뒤에서 인기척이 느껴지는 거야. 처음에는 무슨 일인지 몰라 몸이 얼어붙었어. 누군가 날 양손으로 껴안더니 내 성기에 손을 댔어. 온몸의 신경이 곤두섰지. 누군지 볼 수는 없었지만, 내가 추행당하고 있는 건 확실했어.

소변을 멈추고 뒤를 돌아 그 사람을 밀쳤어. 여기서 그 애 이름을 에번이라고 부를게. 친구 사이는 아니지만 아는 애였어. 같은 학년이었고, 전에 수업을 함께 들은 적도 있었거든.

지퍼를 올리고 소리쳤지. "뭐 하는 짓이야?"

"장난이야. 진정해." 에번도 소리쳤어.

"난 이딴 장난 안 해."

"아무한테도 말하지 마. 알았지?"

"안 할 테니까 얼른 꺼져."

그 애는 인기 있는 애들 무리 중 하나였어. 웃긴 건 다들 뒤에서는 그 애더러 게이라고 수군댔다는 거야. 한번은 어떤 애들이 그 애의 섹슈얼리티를 대놓고 조롱했는데 그 애는 그냥 웃어넘겼어. 그렇게 계속 '잘나가는 애들 중 하나'로 남았지. 하지만나는 그날 경험을 계기로 그 애가 그런 애가 아니란 걸 확신했어. 나처럼 정체성을 억누르고 사는 아이였던 거야. 그런데 그 애는가해자기도 했어. 그때 나는 나처럼 정체성을 감쪽같이 숨기고사는 애들이 생각보다 많다는 걸 알았어. 하지만, 숨기려고 별짓을 다 해도 결국 우리는 서로를 발견하고 말아. 행동하는 방식, 말투, 그냥 존재 자체가 '정상'과 다른 무언가를 물씬 풍기고 있으니까. 그런데도 우리는 비밀스럽게, 아무 말 없이 서로를 지나치지.

그날 화장실에서 있었던 사건은 누군가와 섹스하고 싶다는욕망을 아예 뿌리 뽑아버렸어. 누군가에게 약점을 드러내도 괜찮겠다는 마음을 먹기까지도 여러 해가 걸렸고. 지금 생각하면토머스, 형에게도 그런 약점이 있었던 거야. 처음에는 그날 밤에있었던 일을 내가 해석한 대로 이야기할 생각이었어. 거기서 나의 죄책감이 시작됐고 순결을 빼앗겼다고 느꼈으니까. 그런데지금은 그게 전부가 아니라는 생각이 들어. 그래서 그날 일을 생각하면 답보다 질문이 더 많이 남아.

형이 죽은 지금 형 이야기를 써도 될지 고민했어.
하지만 이제는 형이 왜 그랬는지, 왜 자기 이야기를 숨겼는지 이해해. 내가 나 같은 사람을 찾아 헤맸던 것처럼, 형은 사랑받으려고 방황했던 거야. 형 아빠는 형을 받아들이는 걸 버거워했지만, 그와 똑같은 이유로 나를 애지중지했고, 형은 그걸 지켜봐야 했어. 어린 형이 학대를 당할 때 어쩌면 형 옆에 아무도 없었던 건 아닐까 생각하기도 해.

형이 살아 있다면 나는 형을 미워하지 않을 거야. 지금도 그래. 그냥 묻고 싶어. "누가 형을 아프게 했어? 형이 준비되기 전에 누군가 형을 성적으로 건드렸어? 형이 받아들일 준비가 되기도 전에 형에게 섹스를 알려준 사람이 누구였어? 그래서 나한테 섹스를 직접 알려줘야겠다고, 그래서 믿으면 안 되는 게 누군지 가르쳐야겠다고 생각했던 거야?"

그날 밤 나는 아프게 안 한다는 형의 말을 굳게 믿었어. 살면서 형에게 실망하고 심지어는 분노한 적도 있지만, 지금 형에게 느끼는 감정은 슬픔이야. 무엇이 됐건 거기서부터 형을 구원해준 사람이 없었으니까. 형이 한 짓이 옳았다고 말하려는 건 아니야. 이제는 나의 트라우마 바깥에서 형을 이해하게 됐다는 뜻이야. 나는 내가 상처받았음을 인정하면서 동시에 가해자를, 그러니까 형을, 이해할 수 있는 안전한 공간을 만들었거든. 잘은 모르지만 아마 형도 피해자가 아니었을까 싶어. 그리고 형은 나를 피해자로 만들었지. 폭력은 그렇게 순환이 돼. 그날 밤은 잿빛이었어. 형의 인생처럼. 영혼이 아름다웠던, 그러나 너무 일찍 떠나고 만 사람.

형이 죽었다는 전화가 걸려온 날을 평생 잊지 못할 거야. 여자 사촌을 위협하던 사람들과 싸우다가 그렇게 됐다고 했지. 그들이 먼저 형을 'f*****'이라 불렀고, 형은 두 명을 차례로 때려눕혔어. 그리고 마지막 남자와 붙었는데, 'f*****' 따위에 지지 않을 만큼 남성성이 강했던 그 남자가 형의 목숨을 앗아갔어. 눈물이 나진 않더라. 그날 밤 상처가 채 아물지 않아서 여전히 형이 왜 그랬는지 이해하려고 애쓰던 때였으니까. 그래도 드디어 형을 위해 눈물을 흘릴 수 있게 돼서 기뻐. 내가 그랬듯, 여성적인 모습 그대로 사랑받고 싶어 했던 소년을 위해.

형과 나의 진실을 알아야 하는 젊은 퀴어 탐험가들에게 우리 이야기를 꼭 전하고 싶었어. 형은 파랗지 않은 소년이었고, 29년 동안 잿빛 세상을 살다 갔지. 그날 밤 일은 일어나서는 안 됐어. 형이 그렇게 일찍 가버려서도 안 됐고.

생각해봐. 형과 내 정체성을 감추도록 강요한 남성성과 남자다움의 이데올로기가 형을 죽음에 이르게 했어. 인생이란 그렇게 비극적인가 봐.

여기서 우리의 과거를 끝맺으려 해. 가해자와의 만남으로 죄책감을 안고 사는 누군가가 이 글을 읽고 비로소 자유로워지길 바랄 뿐이야.

복잡한 이야기지만 아무도 오해하는 일이 없기를 바란다. 나는 성인이 되어 그날 밤의 일을 스스로 극복하는 과정에서 사촌형을 이해하기로 선택한 것이다. 다시 말하지만, 형의 행동은 잘못됐고 나는 피해자였다. 피해자가 가해자를 이해해야 할 이유는 없다. 책임은 마땅히 가해자에게 물어야 한다.

12장
우리는 프롬 킹이었던 적 없어

"삐이······ 삐이······ 삐이······ 삐이······ 삐이······."

쾅.

자명종이 다섯 번 울릴 때쯤이면 꿈에서 깨고 학교 갈 시간이라는 걸 퍼뜩 깨닫는다. 나는 매일 아침 5시 45분에 일어났다. 가족을 깨우는 건 언제나 내 몫이었다. 가장 먼저 준비한 나는 엄마를 깨우고, 비몽사몽인 동생을 겨우 깨웠다. 제일 늦게 집을 나서는 아빠는 언제나 마지막이었다.

2001년 9월 11일. 고등학교 2학년 첫 등교일이었다. 어느덧 학교에 꽤 잘 적응했고 개학이라는 생각에 잔뜩 들떠 있었다. 나는 학교 육상팀 대표이자 흑인 학생 중 몇 안 되는 볼링팀 선수였다. 덕분에 원래 친하게 지내던 흑인 아이들 말고도 다른 친구들을 사귀게 됐다.

이제 나는 신입생 티를 벗은 어엿한 선배였다. 교실을 찾느라 멍한 표정을 짓는 일도 없었다. 선배를 보고 긴장할 일도 더는 없었다. 3학년을 1년 앞둔 2학년이 되었다는 것은 이 망할 플레인필드를 뜰 날이 가까워졌다는 소리기도 했다!!!

나는 매일 똑같은 복장으로 집을 나섰다. 적갈색 반소매 폴로셔츠, 회색 정장 바지, 회색 팀버랜드 부츠. 무엇 하나 내버리지 않는 아빠 덕에 아직도 고향 집에 가면 그 옷들이 있다. 슬론 거리를 따라 걸으면 파크 애비뉴 중심가가 나왔고 거기서 길을 한 번 건너면 정류장이었다. 정류장 바로 앞에는 세인트 마크 교회가 있었다. 나와 내니는 그 교회 잔디밭에서 열리는 벼룩시장에 자주 참여했다.

매일 아침 7시 30분쯤 내가 탈 버스가 도착했다. 버스를 타고 15분을 가면 사우스 플레인필드를 통과해 에디슨에 도착했다. 가는 길 창밖으로 골프장과 숲이 펼쳐졌다. 1학년 때만 해도 등굣길은 퍽 심심했다. 버스에 아는 사람이 없어 '등교 친구'랄 것이 없었으니까. 집과 학교를 오갈 때마다 나는 그저 말없이 창밖을 보며 시간을 흘려보내곤 했다.

그러나 이제는 버스의 루틴을 꿰고 있었고, 함께 타고 다니는 아이들과 모두 아는 사이가 됐다. 개학 첫날 버스에 탔을 때는 가십과 수다를 나누느라 바빴다. 늘 만나던 애들이었다. 내 친구 자내와 숌바이, 그리고 같은 도시에 사는 몇몇 애들. 그리고 그 남자아이……

플레인필드에서 한 번도 본 적 없는 얼굴이었다. 옅은 피부색에 구불거리는 머리. 키와 몸무게는 나와 엇비슷해 보였다. 당시 나는 키가 훌쩍 커서 180센티미터가 살짝 넘었고, 주머니에

물먹은 벽돌을 넣고 쟀다 치면 몸무게는 65킬로그램쯤 되었다. 그만큼 빼빼 마른 아이였다. 처음 보는 얼굴인 것으로 보아 그 애는 신입생인 듯했다. 어쩐지 나 같았다.

그 애는 세 줄 뒤에 있는 자리에 앉아 있었다. 나는 그 애를 빤히 쳐다봤다. 그 애도 나를 봤다. 누구도 먼저 말을 걸진 않았지만 우리는 서로를 보고 있었다. 이상한 감정이었다. 늘 알던 누군가를 바라보는 느낌. 그 애의 행동과 태도가 낯설지 않았다. 태어나 처음으로 나와 비슷한 또래를 만났다는 느낌이 들었다.

이전까지 나는 호프가 됐건 G.G.가 됐건 다른 누군가를 우러러보기만 했다. 그런데 이 만남은 달랐다. 좀 더 현실적이었다. 에번과의 일과도 느낌이 달랐다. 나의 여정에 혼자가 아니라는 느낌을 그때 처음 받았다. 네네가 칸디(리얼리티쇼 〈애틀랜타의 진짜 주부들〉의 출연자들 - 옮긴이)에게 "우린 딱 보면 알지"라고 말하던 바로 그런 순간. 게다가 그 애는 무척 귀여웠다. 물론 지금도 귀엽고. (그리고 이 글을 읽게 될 거다.)

그 애는 주변을 살피며 얼굴을 익히고 있었다. 혼자 떨어져 있었지만 무슨 이야기가 오가는지 들으려 귀를 쫑긋 세운 게 보였다. 호기심이 동했다. 그러나 차마 먼저 말을 건넬 수가 없었다. 나는 선배니까. 또 나는 남자애들과 편해지기 전까지는 낯을 많이 가렸다.

그 애를 처음 봤을 때 이상하게 수줍었다. 말을 걸어, 말아? 망설였다. 나는 그냥 자리에 앉아 물끄러미 바라만 봤다. 대놓고 관찰한 것은 아니고 힐끔거렸다. 슬쩍 봤다가 '헉, 날 보고 있잖아' 하고 얼른 눈길을 피하는 식이었다. 안 보는 척했지만 궁금해서 자꾸만 시선이 갔다.

뒷덜미가 뜨거워지면서 얼굴이 붉어졌고 급기야 땀이 났다. 큰일이다. 빠져버렸어. 수업에 가고 좋은 성적을 받고 이곳을 탈출하기 전까지 최대한 튀지 않는 것이 목표였던 내게 가장 두려운 일이 벌어지고 말았다. 첫눈에 반한 상대가 나타난 것이다.

버스를 타고 가는 15분이 15시간처럼 느껴졌다. 자꾸만 그 애를 돌아보게 됐다. 그날만큼 등굣길이 행복했던 적은 없었다. 나는 튀어오르듯 버스에서 내려 쏜살같이 친구들을 찾아 달렸다.

그 시절 내게는 어울려 노는 여자애들 무리가 있었다. 재닛과 리앤은 고등학교 단짝들이었다. 성격이 잘 맞아 수업도 몇 개 같이 들었다. 학교에 돌아와 기댈 수 있는 친구들을 다시 만나니 기뻤다. 그 애들은 한 번도 나의 다름에 대해 왈가왈부한 적이 없었다. 또 내가 하는 농담을 무척이나 좋아했다. 어른이 되어 기막힌 입담으로 정평이 난 나는 어렸을 때도 기본적으로 남을 '돌려 까는' 데 소질이 있었다.

그해 개학 첫날은 다른 이유로 평생 못 잊을 날이 됐다. 오전 열 시쯤, 3교시를 듣고 있는데 방송이 나왔다. "별도 지시가 있기 전까지 학생들은 교실을 나오지 마십시오." 세계무역센터가 공격당했다. 붕괴 후 모든 게 혼란에 빠졌다.

다음 날 아침, 세계는 여전히 충격에 휩싸여 있었다. 어제의 비극에도 삶은 계속돼야 했지만, 다들 갈피를 잡지 못하는 듯했다. 내 일상은 변함이 없었다. 5시 45분에 일어나 샤워하고 집을 나와 파크 애비뉴까지 걸었다. 매일 아침 그렇듯 제시간에 도착한 버스에 올라탔다. 그 애였다. 나는 그 애를 보다가 시선을 떨궜다. 다시 그 애를 보고, 이내 다시 고개를 돌렸다. 무엇 하나 변한 게 없는 것처럼 모든 게 어제와 똑같이 흘러갔다. 하지만, 아니었다. 9월 12일의 나는 목을 가다듬고 말을 건넸다.

"안녕, 나는 조지야."

"안녕, 나는 제이미스."

우리는 그렇게 찬찬히 대화하며 서로를 알아갔다. 처음 만난 사람들끼리 으레 하는 대화였다. "예전에 어느 학교 다녔어?" "어느 동네 살아?" 같은. 진짜 사소한 이야기들밖에 할 수 없었다. 용기 내어 말을 건 것만으로 벌써 얼굴에 땀이 흐르고 있었으니까. 어쨌든 나와 같은 부류, 그러니까 아주 남성적이지도 여성적이지도 않은 남자애와 이야기할 기회가 생겨 기뻤다. 그리고 '설렘'을 느꼈다. 그 순간만큼은 제이미스도 나도 그냥 쿨한 애들이었다. 우리가 '누구'인지는 중요하지 않았다.

그날 이후 제이미스와 가까워졌다. 매일 버스에서 얼굴을 봤고 쉬는 시간에도 틈틈이 만나 수다를 떨었다. 두 살 차이가 나다 보니 일정이 겹치는 일은 흔치 않았고 오래갈 우정을 쌓을 만큼의 시간도 부족했지만 나는 그것만으로도 충분했다.

이런 한계에도 제이미스를 향한 내 감정은 잦아들지 않았다. 제이미스에게서 내 모습을 비춰 보지 않는 게 어려웠다. 제이미스 역시 나처럼 섹슈얼리티 문제를 겪고 있는 것 같았다. 그걸 좀 더 확신했더라면, 그래서 제이미스와 그 문제를 터놓고 이야기했더라면 좋았을 텐데.

하지만, 어느 쪽도 커밍아웃하지 않은 상태에서 자신과 비슷한 사람, 성적 정체성이 같은 사람을 만났다고 지레짐작할 수는 없다. 뭘 믿고 인생 최대의 비밀을 공유한단 말이야? 게이라고 고백했다가 상대방이 자기는 아니라고 잡아떼면? 그리고 내가 한 말을 전교에 소문이라도 내면? 그래서 망설여졌다.

딱 한 번, 말하기 직전까지 간 적이 있다. 휴대전화 문자나 구글챗, 소셜미디어 따위가 없던 시절 우리는 AOL(초창기 인터넷 PC통신 중 하나 - 옮긴이) 계정을 만들어 AOL 인스턴트 메신저인 AIM을 사용했다. 내가 3학년이었을 때 하루는 제이미스와 AIM에 동시 접속하게 됐다. 우리는 요즘 어떻게 지내는지, 학교에 대해 어떻게 생각하는지 따위를 이야기했다. 지극히 일상적인 잡담이었다.

그런데 오가는 메시지 사이에서 뭔가 떠보는 듯한 기운이 느껴졌다. 제이미스는 나의 연애사와 프롬에 대해 질문했고, 급기야 내가 늘 두려워하던 질문을 던지고야 말았다. "형 게이야?" 메시지를 보자마자 온몸이 화끈거렸다. 나는 늘 하던 대로 대답했다. "아니. 나 게이 아닌데. 너는?"

"나도 아냐."

그날 그렇다고 대답했어야 했는데. 진심으로 그러고 싶었지만, 확실한 긍정을 하고 난 뒤 어떻게 살아남을지가 막막했다. 그때까지 누구에게도 내가 게이라는 사실을 고백한 적이 없었다. 그 문제를 꽁꽁 감추고 살았다. 어떻게든 혼자 해결하려 했다. 차라리 누가 물어봤으면 좋겠다고 생각한 적도 더러 있기는 했다. 사촌이나 이모처럼 믿을 수 있는 사람이. 하지만 아무도 내게 그런 질문을 하지 않았다. 또 믿을 수 있는 사람이 과연 누구일지도 확신할 수 없었다.

제이미스와는 내가 고등학교를 졸업해 버지니아로 이사 가기 전까지 친구로 남았다. 제이미스는 졸업까지 2년이나 남아 있었고, 내게는 얼른 뉴저지 바닥에서 탈출해 그곳과 연을 끊는 것이 더 중요한 문제였다. 그래서 졸업 후로는 제이미스에게 연락하지 않았다. 그러는 편이 나을 것 같았다.

제이미스를 다시 만난 건 4년 가까이가 지나서였다. 스무 살의 나는 난생처음으로 워싱턴 DC에서 열린 게이 프라이드 주말 행사에 갔다. 마지막 날인 일요일, 나는 친구들을 찾아 헤매고 있었다. 우리는 레토야 러켓LeToya Luckett이 신곡 〈톤Torn〉을 막 열창한 게이 클럽에 있었다. 데스티니 차일드의 원년 멤버였던 러켓은 솔로로 무대에 서도 눈이 부셨다.

그리고 그곳에 그가 있었다. 제이. 예전보다 키도 몸집도 훌쩍 커 있었다. 제이는 나를 발견하고는 씩 웃었고, 나도 그를 보며 미소 지었다. 우리는 서로에게 다가가 얼싸안은 뒤 예전부터 이쪽인 걸 알고 있었지만 말하지 않았다며 깔깔댔다. 제이는 매력적이었다. 정말로 매력적이었다.

그렇게 몇 분을 이야기했다. 제이는 볼티모어에 산다고 했다. 내가 사는 버지니아 리치먼드에서 두 시간 거리였다. 제이와 재회한 몇 분이 내게는 그해 최고의 순간이었다. 우리는 번호를 교환한 뒤 연락하자고 했고 지금까지 연을 이어오고 있다.

그때부터 지금까지 나와 제이는 친구 사이다. 페이스북으로 연락하며 서로의 게시물에 상스러운 농담을 달고는 한다. 꼭 고등학교 시절로 돌아간 것처럼 군다. 만약 우리가 적당한 시기에 인연이 맺어졌더라면 어땠을까. 고등학생 때 용기 내어 내 감정을 솔직히 말했더라면. 클럽에서 우연히 마주친 그날 내가 좀 더 적극적이었더라면.

평생 알 수 없겠지만, 그래도 괜찮다. 할 수 있었던, 또는 하지 못했던 일들에 대한 후회는 앞으로 하게 될 일들에 대한 결심으로 지워졌으니까.

우정? 우정은 변하지 않는다.

사랑? 그건 결코 알 수 없다.

대담하고 용감하고, 퀴어다울 것. 말만큼 쉬운 일은 아니다. 누군가는 안전 때문에 자신의 퀴어 정체성을 절대 드러내지 못할 것이다.

장애물이 많을지라도 우리에게는 한 장의 청사진을 그릴 기회가 여전히 있다. 앞으로 살아갈 이들을 위해 우리가 직접 규칙을 만들고 우리 사랑이 어떤 모습일지 규정하는 거다. 제이와 나를 가두었던 상자는 우리가 마땅히 누려야 했던 권리와 특권과 기회, 우리 사랑을 표현하고 자랑할 기회, 나아가 우리 자신을 표현하고 자랑할 기회를 앗아갔다. 더는 그렇게 놔둘 수 없다.

사랑하고 싶은 사람을 당당하게 사랑할 것. 그 사랑에는 날마다 거울 속에서 만나는 자신을 향한 사랑도 당연히 포함된다. 나는 그런 사랑을 누려야 했다. 제이 역시 그랬다. 우리는 모두 그런 사랑을 할 자격이 있었다.

우리도 프롬 킹이 될 수 있어야 한다.

13장

해방? 아니면 독립?

고등학교에서 가장 친한 친구였던 재닛 존슨과 나란히 서서 〈위
풍당당 행진곡〉 연주를 들었다. 사촌이나 가족이 고등학교나 대
학을 졸업할 때마다 숱하게 들은 노래였지만 이번은 특별했다.
이번은…… 나를 위해 연주되는 곡이었으니까.

　재닛과는 거의 평생을 알고 지냈다. 다섯 살 쿡 학교 유치원
에 다닐 때도 옆에 재닛이 있었는데 어느덧 나란히 고등학교를
졸업하게 됐다. 우리 반 아이들이 강당에 모인 부모들을 지나쳐
행진했다. 나는 얼른 졸업식을 마치고 집에서 저녁을 먹고 싶다
는 생각뿐이었다. 내니가 해준 요리. 그날 진정 원한 건 그것뿐
이었다.

　졸업식은 평범했다. 교장 선생님과 교감 선생님의 말씀이
끝나고 기조연설자와 졸업생 대표의 연설이 이어졌다. 졸업생
대표가 누구였는지는 모르겠다. 다만 목소리만은 지금도 뚜렷하
다. 마지막 말이 하도 어이가 없어 평생 잊지 못할 거다.

"축하합니다, 졸업생 여러분. 투팍과 비기도 기뻐할 거예요."

웬 백인 애가 가톨릭학교 졸업식에서 살해당한 흑인 힙합 아티스트 둘을 언급하다니. 우리는 그렇게 '나도 낄래' 식으로 우리 문화에 끼어들고 싶어 하는 백인 아이들의 미세공격을 자주 보았다. 요즘은 그런 걸 '문화 포식자cluture vultures'라고들 한다.

백인 학생들은 저마다 환호하며 호응했다. 흑인 학생들은 대부분 한숨을 쉬었다. 학교에서 지긋지긋하게 겪었던 반흑 정서의 마지막 경험이었다. 학교에 다니는 내내 나의 문화는 그들의 농담거리였다. 그들에게 흑인 문화는 그걸 만든 사람들이 겪은 억압 따위는 걱정하지 않고 그냥 갖고 놀 수 있는 뭔가였다.

어이없는 상황이 지나가고, 드디어 내가 무대에 올라 졸업장을 받을 차례가 됐다. 내 이름이 호명되고 작지 않은 박수 소리가 나와서 가족은 적잖이 충격을 받았다. 가족 눈에는 그저 수줍음 많은 애였지만 밖에서의 나는 딴판이었다. 가족이 집에서 보는 매슈는 엉큼하고 수군대길 좋아하는, 반 애들이 좋아하는 조지와는 다른 애였다.

졸업식이 끝나고 밖으로 나와 사진을 찍었다. 재닛과 나는 부모님들이 이야기하는 동안 열심히 사진을 남겼다. 마지막이라고 생각하니 아쉬웠다. 재닛은 럿거스대학교로, 나는 버지니아 유니언대학교로 가게 됐다. 물론 지금도 재닛과 나는 좋은 친구 사이다. 그때는 거리가 멀어지면 우정도 끝나는 줄로만 알았다. 하지만 아니었다.

나더러 그냥 뉴저지에 남으라고 말하는 사람도 많았다. 실제로 많은 학생이 집을 떠나기보다 뉴저지에 있는 대학에 진학했다. 라마포, 시튼홀, 킨, 럿거스, 페어리디킨슨이 특히 인기였다. 하지만 나는 뉴저지에서는 살 만큼 살았다는 생각이 들었다. 졸업하기 몇 달 전부터 집을 떠나 진짜 내 모습대로, 적어도 내가 생각하는 '나 자신'의 모습으로 살리라 결심했다.

그때는 가족과 친구, 이 도시, 이 주州가 내 정체성을 가로막는다는 생각에 사로잡혀 있었다. 내가 아는 것들, 또 나를 아는 것들에서 멀리 떨어지면, 비로소 산뜻하게 새 출발을 할 수 있을 것 같았다. 새 도시에서 새 친구들을 사귀고 내가 누구인지를 새롭게 알아갈 거라고. 거기서 내 행복을 찾을 거라고. 〈퀴어 애즈 포크〉에 나오는 사람들처럼 자기 멋대로 사는 어른이 될 거라고. 무엇보다 내가 누구인지 '꺼내' 보일 수 있을 거라고 생각했다.

대학 1지망은 테네시대학교였다. 상징 색깔에 주황색이 들어가는 데다 집에서 무려 천 마일이나 넘게 떨어져 있어서였다. 물론 진심으로 가고 싶기도 했고. 심지어 장학금을 받고 입학 허가까지 받은 상태였다. 그런데 엄마가 반대하고 나섰다.

"그렇게 멀리는 못 간다. 집을 떠나는 건 괜찮지만 무슨 일이 생기면 엄마가 가볼 수는 있어야지." 나는 엄마 말에 크게 반발하지 않았다. 내심 그게 옳은 말이라고 생각했기 때문이다.

멀리 달아나고 싶었지만 동시에 겁이 나기도 했다. 나는 언제나 소위 말하는 '계산된 리스크'만 감당하고픈 사람이었다. 결국 테네시까지 가서 퀴어 인생을 새롭게 출발한다는 계획은 없던 일이 됐다. 그렇게 큰 학교에 잘 적응할 자신도 없었다. 무엇보다 다시 흑인 커뮤니티로 들어가고 싶었다.

중학교에서 고등학교를 지나오며 뒤바뀐 인종 구조를 경험한 것은 무척이나 혼란스러웠다. 흑인 애들과 지낼 때는 성적 정체성만 고민하면 됐다. 흑인이란 이유로 백인 아이들과 부대끼는 동시에 게이란 이유로 흑인 아이들과 부대껴야 하는 건 전혀 다른 문제였다. 그런 이중 배제는 진이 빠질 만큼 버거웠다.

다행히도 1년 전 버지니아유니언대학교에 먼저 입학한 사촌이 있었다. 버지니아유니언대학교는 리치먼드에 있는 소규모 학교로 유구한 역사를 자랑하며 흑인 학생이 많기로 유명하다. 남부에서 손꼽히는 흑인 대학(HBCU, Historically Black Colleges and Universities) 중 한 곳이다.

그 학교가 이제 나의 새집이 된 것이다. 사실 나는 기숙사에 살고 싶었지만, 아빠 생각은 달랐다. 아빠와 고모는 이미 사촌누나가 거기서 대학에 다니고 있으니 캠퍼스 바깥에 아파트를 구해 함께 사는 게 낫겠다고 했다. 기껏 가족에게서 달아나려 했건만 결국 가족 품에 다시 안기고야 말았다. 그래도 기분이 사뭇 묘했다. 사촌누나 스테파니와는 리틀 럴, 라술, 그리고 뉴저지 가족만큼 교류가 잦지 않았다. 그래서 여전히 산뜻한 새 출발처럼 느껴졌다. 우리가 살 아파트는 학교 바로 뒤에 있어서 캠퍼스까지 걸어다닐 수 있었다. 동네가 아주 좋진 않았지만 최악도 아니어서 경찰관이었던 아빠 눈에도 합격이었다.

나는 대학 입학과 함께 등록비 일부를 대주는 대통령 장학금을 받게 됐다. 이로써 조지 M. 존슨의 망할 뉴저지 탈출이 마침내 공식화되었다. 많은 친구와 작별할 필요는 없었다. 어차피 가까운 친구는 몇 없었으니까. 또 그 무렵 다들 휴대전화를 갖고 있었기 때문에 멀리 떨어져도 연락하는 데는 문제가 없었다. 엄밀히는 가족을 떠나는 것도 아니었다. 새로 가게 된 도시에 사촌 누나가 살고 있었고, 삼촌과 크리스털 이모도 몇 년 전 리치먼드로 이사 간 터였다.

그러니까 나는 두 세상의 좋은 면만 안고 새로 출발하게 된 거였다. 내 곁에는 행복을 지켜줄 만큼의 가족들이 있었다. 또 어른으로서의 낯선 여정을 마음껏 탐험할 수 있을 만큼 집과 멀리 떨어지게 됐다. 나는 어른만 되면 당연히 벽장 밖으로 나가 살게 될 줄 알았다. 하지만 나는 계속 벽장 안에 머물렀다. 이제부터 그 이유를 설명하겠다.

나는 예전부터 대학에 가면 해방이라는 생각을 차곡차곡 쌓아온 터였다. 버지니아에서 게이로 살다가 집에 돌아가서는 아무렇지 않은 척 살게 될 줄 알았다. 길어봤자 1년에 20일 정도만 집에 가면 될 테니 나머지 날들은 버지니아에서 게이로 살아가리라 상상했다. 그러다 보면 자연스럽게 가족도 내가 게이란 걸 알게 되겠거니, 생각했다.

하지만 이런 건 물론 꿈에 불과했다.

그해 여름 가장 찬란했던 기억은 첫사랑에 빠진 일이었다. 첫사랑 이름은 비욘세였다. 데스티니 차일드의 리드 싱어 출신

비욘세가 드디어 솔로 커리어를 시작한 해였다. 그 전부터 비욘세를 좋아하긴 했지만 굉장한 팬까지는 아니었다. 내가 사랑하던 그룹 데스티니 차일드 해체에 비욘세의 책임이 있다고 생각해서였다. 나는 여름 내내 〈크레이지 인 러브Crazy In Love〉를 들었고, 등장하는 모든 무대를 그야말로 찢어버리는 비욘세를 보고 또 봤다. 그리고 대학에 가기 일주일 전, 비욘세 앨범을 사기로 마음먹었다.

뉴저지 탈출을 손꼽아 기다리는 동안 비욘세 앨범은 내 마음속 해방구였다. 나는 혼자 드라이브하며 떠나가라 비욘세 노래를 틀었다. 노래 하나하나가 내게 말을 거는 듯했다. 비욘세의 여성성은 내가 내면에서 느끼는 감각과 정확히 일치했다. 비욘세는 정말이지 되바라지고 섹시하고 강렬했다. 부러웠다. 비욘세가 되고 싶었다기보다 비욘세에 대한 상상을 참 많이 했다. 버지니아에서, 내 모습 그대로, 비욘세 노래에 맞춰 춤추고 싶었다. 비욘세 목소리에 맞춰 진짜 내 모습대로 춤추고 싶었다.

엄마와 맥 삼촌이 트럭에 짐을 싣고 나와 함께 버지니아로 향했다. *이제 진짜 끝이구나*, 라는 생각이 들었다. 집으로 돌아오는 트럭에 나는 없을 것이다. 앞자리에는 엄마가 타고 있겠지. 엄마는 버지니아로 가는 내내 거의 말이 없었다. 지금 돌이켜 생각해보면, 그때 엄마가 무슨 심정이었는지 알 것도 같다. 걱정을 한가득 안고서 날 위해 기도했을 것이다.

오랜 세월 기르고 지켜온 자식이 제 갈 길을 떠나게 됐다. 전화 한 통이면 언제든 이어질 수 있지만 이제 더는 짧은 복도만 지나서 만날 수는 없다. 육상을 뛰는 아들을 데리러 학교를 오갈 일도 더는 없다. 이제 엄마의 일은 어느 정도 끝난 셈이었다. 앞으로 엄마는 맏아들이 없는 집에서의 삶에 적응해야 했다.

등록일에 학교에 가보니 500명 남짓한 학생이 북적이고 있었다. 방학 동안 〈디퍼런트 월드A Different World〉(1987년 첫 방영된 캠퍼스 생활을 소재로 한 시트콤 – 옮긴이)로 대학 생활을 예습했던 터라 실제 상황은 훨씬 멀쩡해 보였다. 장학금 문제로 살짝 골머리를 앓았지만, 원래 HBCU의 장학 행정은 엉망인 것으로 악명이 자자했다. 어쨌거나 문제는 빠르게 해결됐고 나는 무사히 등록 절차를 마쳤다.

캠퍼스를 나와 아파트로 갔다. 걸어서 2분도 채 걸리지 않았다. 아파트에 들어서는 순간 집에 왔다는 느낌이 들었다. 열일곱 살의 나에게 드디어 아파트가 생긴 것이다. 진짜 어른이 된 기분이었다. 부모의 감시도, 통금도 없이, 진짜 삶을 살 수 있게 됐다.

트럭에서 짐을 내리고 침대를 정리했다. 엄마가 짐 정리를 도왔다. 엄마와 삼촌은 예상과 달리 자고 가지 않았다. 저녁 여섯 시쯤 엄마가 이만 뉴저지로 돌아가겠다고 했다. 나를 두고 발걸음이 쉽게 떨어지진 않았을 거다. 나도 두려웠지만 그제야 실감이 났다. 드디어 집에서 해방된 거다.

엄마는 웃으며 이렇게 말했다. "이제 방학 전까지는 집에 얼씬도 안 하겠네." 역시 엄마는 날 잘 아는구나, 싶어 웃음이 났다. 엄마는 언제나 나를 잘 알고 있다. 그렇게 나는 낯선 세상에 떨어졌다.

스테파니 누나는 생각보다 나돌지 않고 집에서 뒹구는 걸 좋아했다. 나보다 나이가 많은 만큼 관심사도 다양했다. 나는 입학 후 초반에는 부지런히 돌아다니며 캠퍼스를 탐색했다. 그런데 생각보다 적응하기가 쉽지 않았다.

마음속으로는 고향과 익숙한 모든 것에서 떨어진 새 우주를 이미 다 만들어놓은 후였다. 거기로 가면 뉴저지의 매슈 존슨도, 조지 존슨도 모르는 아이들과 곧장 친구가 될 줄 알았다. 하지만 막상 캠퍼스에 들어서니 그냥 멍해졌다. 인생에서 가장 중요했던 지난 4년간 나는 백인이 가득한 세상에 살았다. 다시 흑인다움이 넘실대는 공간에 적응하려니 쉽지 않았다. 그래서 수업에 갔다가 바로 집에 돌아가기만 반복했다. 개강 첫 주 내내 그랬다.

그러다 하루는 밤에 뭘 먹으러 나갔다가 담배를 피우는 여자를 발견했다. 울고 있었다. 왠지 남자친구와 싸운 것 같았다. 나는 괜찮냐고 물었다.

"응. 괜찮아." 여자는 이렇게 대답한 뒤 얼마 전 이사 온 사람이냐고 물었다. 버지니아유니언대학교 신입생이라고 하자 씩 웃었다. "어, 나도 거기 다녀. 2학년. 모니크라고 해."

내 소개를 들은 모니크가 말했다. "처음 본 사이에 이런 말 그렇긴 한데, 근처 슈퍼까지 나 좀 태워줄래?" 어떻게든 친구를 만들고 싶었던 나는 그러겠다고 했다.

주변 지리를 전혀 몰라 모니크가 시키는 대로 차를 몰았다. 차에 타서는 옛날 노래를 틀었다. 나는 옆자리에 누가 앉건 상관없이 늘 옛날 노래를 고집했다. 모니크는 깔깔대며 뉴욕 말씨로 이렇게 말했다. "와, 너도 옛날 노래 좋아하는구나!"

슈퍼로 가는 동안 나는 뉴저지에서 어떻게 살았는지 이야기했다. 모니크는 고향 뉴욕에 관해, 또 유니언이 어떤 곳인지에 관해 이야기해줬다. 우리는 금세 친구가 됐다.

슈퍼에 다녀온 모니크는 고맙다고 말한 뒤 자기 집으로 올라갔다. 나는 우리 집으로 향했다. 늦은 시간이라 얼른 잘 준비를 해야 했다.

그때 누군가 현관을 두드렸다.

사촌누나에게 혹시 누가 오기로 했냐고 물었다. 누나는 고개를 저었다. 누나가 현관문 작은 구멍으로 바깥을 내다본 뒤 문을 열었다. 복도에 서 있는 건 모니크였다.

"안녕. 같은 아파트 사는 모니크야. 괜찮으면 우리랑 같이 놀자." 누나가 나를 돌아봤다. 나는 고개를 끄덕였다.

복도로 나가니 모니크 남자친구 배런과 룸메이트 이비, 그리고 친구 티아라가 모여 있었다. 열일곱 살의 내가 드디어 평일에, 그것도 숨길 필요 없이 술을 마시게 된 것이다. 마신 후에 병에 물을 탈 필요도, 어깨 너머 엄마 아빠 눈치를 살필 필요도 없었다. 우리는 모니크 집에서 몇 시간이나 술을 마시고 수다를 떨었다. 나는 새벽 세 시가 다 되어서야 집으로 돌아왔고 수업 전까지 잠시 눈을 붙였다.

우리는 그렇게 크루가 됐다. 밤마다 모여서 먹고 마시고 함께 과제를 했다. 유일하게 차가 있었던 나는 음식, 담배, 술, 그

밖의 간식거리가 필요할 때마다 친구들을 차에 태우고 다녔다. 말하자면 우리는 조촐한 가족을 이뤄 살았다. 내게 새로운 애칭도 생겼다. 다들 나를 MJ라고 불렀다. 모니크가 뉴욕 출신다운 허세를 한껏 살려 내게 붙인 애칭이었다. "매슈는 별로야. 이제부터는 MJ라고 부르겠어." 뭐 크게 상관은 없었지만 그렇다고 면전에다 이름이 별로라고 말할 건 뭐람?! 어쨌거나 나는 웃어넘겼다.

시간이 지나면서 티아라와 특히 가까워졌다. 일단 우리는 생김새가 빼다 박은 듯 비슷했다. 티아라는 노던 버지니아 Northern Virginia 출신으로 갈색 피부에 몸집이 우람한 편이었다. 우리는 자주 드라이브를 나갔다. 각자 홈커밍 날을 앞둔 어느 날, 함께 옷을 사러 쇼핑몰에 가기로 했다. 음악을 틀어놓고 차를 모는데 대뜸 티아라가 물었다. "너 게이야?"

갑자기 심장이 바닥으로 쿵 떨어지는 기분이었다. 초등학교부터 중학교, 고등학교 내내 나를 괴롭혔던 그 망할 놈의 질문과 추측이 대학에서까지 반복되다니. 나는 티아라를 보며 대꾸했다. "아니. 왜 그렇게 생각하는데?"

"아, 그냥 행동이나 그런 게 게이 같아서. 게이여도 괜찮잖아."

나는 앞을 보며 대답했다. "맞아. 근데 난 아냐."

마법 같은 각성은 일어나지 않았다. 버지니아 공기를 들이마시면 용기가 샘솟을 줄 알았건만, 다 착각이었다. 여전히 변함

없이 커밍아웃이 불러올 결과를 두려워하는 남자애 하나가 존재할 뿐이었다.

그날 티아라의 질문으로 새로 깨달은 게 하나 있었다. 나는 언제나 완벽을 갈망했다. 그리고 옳은 것, 사회 규범에 들어맞는 것을 갈구했다.

커밍아웃한 게이로 살고 싶은 욕망 못지않게 내 안에는 남들을 실망시킬 수 없다는 부담감이 존재했다. 미디어가 게이를 다루는 방식을 보거나 직접 경험한 것들로 미루어 보았을 때, 게이로 산다는 것은 그리 자축할 일이 못 되었다. 대학 캠퍼스에 왔다고 달라지는 것은 없었다. 그런 질문들은 언제나 참견과 무신경함으로부터 툭 나오는 것이었지 진정한 관심에서 비롯되는 법이 없었다.

나의 순간이 찾아오기만을 그토록 기다렸건만, 아직도 나 스스로 준비가 되어 있지 않았다는 사실은 실로 충격적이었다. 우리는 여기저기서 커밍아웃 사연을 듣는다. 좋게 마무리되는 경우도 있지만 대부분은 그렇지 못하다. 그런데 그 순간이 있기까지의 과정은 잘 드러나지 않는다. 그 사람이 그 지점에 도달하기까지 얼마나 숱하게 벽을 넘어서려고 애썼을지는 아무도 모른다.

이 글에서만 해도 나는 자신감에 충만했다가 낙담하기를 반복했다. 어떤 때는 아주 자신만만했다가 또 어떤 때는 나약해서 스스로 혼란스러웠다. 커밍아웃이란 원래 그런 것이다. 커밍아웃에는 완결이 없다. 언제까지나 진행형이다. 늘 어디선가는 새롭게 커밍아웃해야 하니까. 직장을 옮길 때마다. 새 도시로 이사 갈 때마다. 누군가를 처음 만날 때마다. 그때마다 자신의 정체성을 새로 설명해야 한다.

나는 게이이고 싶었으나 강요받기는 싫었다. 너무 튀고 싶지도 않았다. 남성적 매력을 간직하면서도 게이일 수 있기를 바랐지만 너무 티 나게 게이인 것이 문제였다. 그건 내가 통제할 수 있는 게 아니었고, 스스로 인정하고 받아들일 만큼의 유예 기간을 허용하지도 않았다. 학자금 상환처럼 영원히 미룰 수 있는 것도 아니었다. 다시 말해 내가 받아들였건 아니건 상관없이, 사람들은 나를 게이라 부르리라는 뜻이었다. 우리 중 누군가는 스스로 준비를 마치기도 전에 다짜고짜 정체성을 받아들이라고 강요받는다.

그날 나는 집에 가서 곧장 방으로 들어가 문을 닫았다. 그리고 시디플레이어에 비욘세의 〈데인저러슬리 인 러브Dangerously In Love〉를 틀고 침대에 누웠다. 9월의 날씨는 참 좋았지만 밖에 나갈 기분이 아니었다. 혼자 있고 싶었다. 지금껏 열심히 쌓아올렸던 탈출 계획이 새 삶을 시작한 지 불과 몇 주 만에, 한 번의 대화만으로 와르르 무너지고야 말았다. 매슈는 되바라진 애. 조지는 패것. MJ는 게이. 그 세 명이 모두 나를 가리켰다.

'가장 숨기고 싶은 것이 자신에게서 가장 두드러진 모습'이라는 옛말이 있다. 그때까지 나는 무언가를 열심히 숨기려 했다. 그런데 사람들은 내가 등장해 입을 여는 순간 내가 숨긴 비밀을 단박에 알아챘다. 그날 나는 깨달았다. 나는 내게서 달아날 수 없다는 것. 스스로 인정하건 아니건 간에 나는 변함없이 나일 것이다. 그날 나는 비욘세 노래를 듣고 또 들었다. 그리고 언젠가는 "너 게이야?"라는 질문에 "응"이라 대답하리라 다짐했다.

다만 오늘은 아니었다.

2006년 봄 '알파 피 알파' 감마^{Gamma} 지부의 라인 형제들.
왼쪽부터 웨인 헤어스톤, 찰스 머서, 제럴드 케리, 데이비드 프레스턴, 케네스 B. 스탤리 2세, 트라본 로빈슨, 조지 M. 존슨, 디메트리우스 사이먼, 크리스토퍼 범브레이

4부

친구들

14장

안개에 사로잡히다°

두 번째 학기에 접어들고 우울증이 시작됐다. 나는 친구들을 사귀었고, 첫 학기에 학점 3.1을 받은 데다 재밌게 살고 있었다. 그러나 마음 깊은 곳에서부터는 나 자신을 혐오했다. 아침에 눈을 뜰 때마다 지금의 나는 내가 바라던 모습이 아니라는 생각이 들었다. 우정과 좋은 학점과 파티는 내가 바라던 것이었으나 게이로서 그걸 누리고 싶었지, 게이인 걸 들킬까 봐 벌벌 떨며 섹스는 엄두도 못 내는 사람이 되려던 건 아니었다. 당시 나는 우울증이 뭔지도 몰랐지만 이미 우울증에 빠져 있었다.

결국 나는 모든 것을 놓아버렸다. 수업에 가지 않았고 커밍아웃하겠다는 계획도 포기했다. 공허했고 무감각했다. 두 번째 학기 내내 나는 루비 투스데이(미국의 프랜차이즈 패밀리 레스토

° 여기서 안개로 옮긴 'haze'는 대마초를 가리키며, 대학 사교클럽이 신입 회원들을 일부러 골탕 먹이는 신고식hazing의 의미도 담고 있다 - 옮긴이

랑-옮긴이)에서 아르바이트를 하며 용돈을 벌었다. 집에 돌아와서는 배런과 시드와 함께 대마초를 피우고 농구를 했다. 하루에 대마초를 세 개비씩 피우고, 일하고, 파티에 가고, 술을 마시고, 수업에 안 가기를 반복했다. 당시 나는 소위 '절어 사는' 애 중 하나였고 그게 훤히 보였다.

학기 말, 결국 강의 두 개를 낙제했다. 하나는 무사히 통과했으나 나머지 하나는 불완전 이수 학점을 받았다. 학점 평균이 3.0 밑으로 떨어져 장학금마저 잘리고 말았다. 그해 여름, 엄마에게 전화해 아예 고향으로 돌아갈까 한다는 말을 꺼냈다. 나는 엄마가 이렇게 말할 줄 알았다. "엄마가 언제 데리러 가면 되니?" 하지만 아니었다. 엄마는 마음을 굳게 먹고 스스로 문제를 해결하라고 했다.

그해 여름은 재정비의 시간이었다. 나는 언제나 똑똑한 애였다. 늘 좋은 점수를 받았다. 그러나 어느새 좋은 점수를 받았을 때의 행복을 까마득히 잊었다. 집에서 해방되어 나 자신을 찾는 것에 너무 몰두한 나머지 내가 좋아하는 것의 일부를 잃은 것이었다. 사실 나는 책벌레로 사는 것을 어느 정도 좋아했다. 똑똑한 아이로 통하는 것도 좋았다. 그런 건 내가 멀리할 이유가 없는 것들이었다.

새 학기가 시작됐을 때 나는 이전 학기의 실수를 바로잡겠다는 의지로 어느 때보다 충만한 상태였다. 슬슬 통제하기 어려워진 대마초 습관부터 고치기로 했다. 나는 일명 퍼플 헤이즈 Purple Haze라 불리는 대마초에 특히 꽂혀 있었다. 대마초를 피우면 모든 게 흐려졌다. 우울감과 분노도 옅어졌다. 또 대마초를 피울 때면 내가 섹슈얼리티를 감추고 있다는 걸 신경도 안 쓰는 애들과 함께 있는 게 견딜 만했다. 말하자면 대마초는 남성성에 대한 나의 대응 기제였다. 주변 애들이 다들 피우니 나도 그걸 피운 것이다.

매일 피우던 대마초를 몇 주에 한 번 피우는 정도로 서서히 줄여갔다. 이제 나는 매일 취해 사는 애가 아니었다. 그런 환경을 굳이 좇지도 않았다. 더 이상의 일탈을 막고 싶었다. 더는 거기에 휘둘릴 생각이 없었다. 이후 일상은 꽤 단정해졌다. 아침에는 수업에 가고 저녁에는 아르바이트를 했다. 집에 돌아와서는 과제를 했다. 날이 밝으면 똑같은 일상을 반복했다. 아주 완벽한 삶은 아니어도 효과가 있었다. 내 크루에게 나는 여전히 MJ였고, 캠퍼스에서는 조지였으며, 나한테는 그냥 나였다.

하루는 집으로 걸어가는데 캠퍼스 공동 구역인 안뜰, 일명 '스퀘어'에서 시끄러운 소리가 들려왔다. 2005년 봄이었다. HBCU 캠퍼스에서 봄은 무척 중요한 시기였다. 봄마다 열리는 디바인 나인Divine Nine 행사 때문이었다. 디바인 나인이란, 그리스어로 이름을 짓는 흑인 사교클럽 지부 9개를 상징한다. 사교클럽들은 기독교, 기사도 정신, 우정, 자매애, 형제애, 그리고 흑인다움을 위한 투쟁을 원칙으로 결성되었다. 현대 흑인 역사를 이끈 걸출한 지도자들을 배출한 곳이기도 하다. 사교클럽에 들어간다는 건 캠퍼스 상류층이 된다는 의미였다.

그렇지 않아도 나는 친구가 가입한 남학생 사교클럽에 관심이 있었다. 스퀘어로 가보니 700명쯤 되는 학생들이 원을 그리고 서 있었고, 중앙에는 여학생 사교클럽 '델타 시그마 세타'의 신입들이 모여 있었다. 분위기는 열광적이었다. 무슨 광경인지 정확히 이해되진 않았지만 나는 바로 빠져들었다.

신입들이 팔로 앞사람 어깨를 감싸 밀착한 자세로 행진을 하자 구경하던 학생들의 함성이 더욱 커졌다. 스퀘어 어느 지점에 다다르자 사교클럽 회장이 멈추라고 호령했다. 위 기수 회원들이 주변 학생들을 잠재웠다.

스퀘어는 붉은 벽돌로 된 파티오 공간으로 헨더슨 센터 건물 정면과 마주 보고 있었다. 2층으로 된 헨더슨 센터에는 보건실, 카페테리아, 몇몇 행정실, 서점이 있었다. 캠퍼스에서 축제가 열리는 날이면 붉은 벽돌은 춤추는 학생들의 땀샘에서 솟아난 분비물로 말 그대로 '흠뻑' 젖었다.

"풀어." 회장이 지시했다.

신입들은 팔짱 낀 팔을 옆구리에 붙인 채 구경꾼들이 모인 쪽을 향해 나란히 섰다. 나는 감탄하며 그 광경을 지켜봤다. 그들은 회장이 입을 열라고 지시할 때까지 기다렸다. 지시가 떨어지자 (줄 맨 앞에 선) 에이스가 동기들을 향해 소리쳤다.

"자매들이여! 인사!"

"델타 시그마 세타 지부 선배님들께 인사드립니다." 클럽 선배들이 환호로 화답했다.

나는 맨 뒤에 있었지만 주변 학생들보다 키가 월등히 커서 모든 광경을 볼 수 있었다. 사교클럽 회원들은 빨간색과 흰색으로 된 옷을 입고 얼굴에 가면을 쓰고 있었다. 앞에 있는 사람들이 뭔가 명령하면 줄 맨 앞에 선 신입부터 차례로 그 지시를 옆 사람에게 전달했다. 마지막 자리에 선 신입은 메시지를 받았다는 신호로 소리를 냈다. 세상에서 가장 흥미로운 옮겨 말하기 게임을 지켜보는 듯했다.

하나의 지시사항이 전달되면 맨 앞 신입이 나머지 신입들을 향해 복창을 지시했다. 그러면 신입들은 한목소리로 캠퍼스가 떠나가라 외운 문장을 읊었다. 이렇게 한 차례의 주고받기call-and-response(선창자의 노래를 이어받아 나머지가 합창하는 가창 형식은 흑인 영가, 노동요, 블루스 등의 골자를 이룬다 – 옮긴이)가 끝나면 그 다음 지시가 떨어졌다. 아주 흑인다운 정신이면서 흑인 미국인 문화와 닿아 있었다. 백인 문화의 사회로부터 차단당한 흑인들이 자신들 공간을 직접 만들어온 것의 연장선상에 있는 퍼포먼스였다. 그리스어로 이름을 짓는 사교클럽은 백인의 전유물이었다. 그렇다면 우리는 우리를 위해 그걸 직접 만들어 우리 것으로 삼아야 했다.

주변 학생들은 사교클럽에 들어간 자기 친구들을 응원했다. 그들 손에 들린 풍선에는 일렬로 선 신입들의 자리를 상징하는 번호가 적혀 있었다. 행사는 한 시간이 넘게 이어졌다. 알고 보니 이런 행사는 선배들에게 신입들을 소개하는 일종의 공증식이었다. 신입들은 사교클럽의 이력을 '스핏'(운율을 넣어 랩하듯 말하는 것 – 옮긴이) 했고, 발을 굴렀고, 가요를 개사해 존경하는 사람들을 칭송하며 선배들에게 인사를 올렸다. 태어나 본 광경

중에 가장 짜릿했다.

이 학기에 나는 로런스라는 남자애와 친구가 되었다. 경영학 수업을 함께 듣게 된 것이 계기였다. 로런스는 작은 키에 피부색이 짙었고 지금껏 만나본 애들 중 가장 똘똘했다. 우리는 캠퍼스 퀴즈 대회인 '혼다 캠퍼스 올스타전' 참가팀에 함께 들어가게 됐다. 기본적으로 〈제퍼디!〉와 유사한 대회였는데, 다른 게 있다면 전국 HBCU들과 겨뤄야 한다는 거였다. 참가팀은 1년에 한 번 플로리다주 올랜도로 날아가 대회에 참가했다.

나와 로런스는 팀 동료로 가까워져 나중에는 정말로 절친한 친구가 되었다. 우리 우정은 독특했다. 로런스는 디트로이트 출신에 목소리가 깊고 성격도 무척이나 남자다웠다. 그런데도 나의 게이스러움에 관해 단 한 번도 왈가왈부한 적이 없었다. 로런스는 그 문제에 답을 내리려 하지 않은 유일한 친구라 할 수 있었다.

로런스와 가까워진 후에 알게 된 사실인데, 로런스 역시 남학생 사교클럽 '알파 피 알파'의 회원이었다. 이따금 로런스는 회원들과 함께 캠퍼스를 돌아다녔고 밖에서 봉사활동을 했다. 나도 그 클럽에 가입하면 어떨까, 하는 궁금증이 일었다. 남성성, 정확히는 남성성의 부족은, 언제나 나를 괴롭히던 문제였다. 남학생 사교클럽에 들어간다면 모두에게 이득일 것 같았다.

남학생 사교클럽은 남성성의 원칙 위에 세워진 곳이었다. 로런스네 사교클럽의 '목적'은 "남자다운 행동, 학문적 성취, 모든 인류를 향한 사랑"이었다. 남자다움이라는 말이 눈에 들어왔

214

다. 여학생 사교클럽이 내세우는 여성성과 극명하게 대조가 되는 말이었다.

나는 알파 피 알파에 들어가기로 마음먹었다. 학점도 괜찮게 받는 데다 외모도 번듯하니(적어도 내 생각엔 그랬다) 합격하기만 하면 사교클럽에도 보탬이 되리라 믿었다. 떠도는 소문에 의하면, 사교클럽에 들어가려면 얼마나 완벽한가보다 누구와 연줄이 있냐가 더 크게 작용한다고 했다. 사교클럽 회원 누구와 가까운지가 중요했고, 사교클럽이 주최하는 프로그램에 참여해 관심을 드러내고 존재감을 보여주는 게 관건이었다.

나에게 남학생 사교클럽은 리더십 자리에 들어가고 나보다 더 커다란 무언가의 일부가 될 수 있는 기회였다. 비육체적으로 또래 남자애들과 연대하는 형제애도 절실했다. 즉, 남학생 사교클럽에 들어간다는 건 내가 그토록 갈망하던 남성적 이미지를 가질 수 있다는 뜻이었다.

2005년 봄여름 내내 로런스와 나는 이 얘기를 몇 번이나 했고, 그해 가을 로런스에게 사교클럽에 들어가고 싶다고 말했다. 그런데 이후로 별 반응이 없어 나도 그러려니 하게 됐다.

그러다 다음 학기가 막 시작된 어느 날, 저녁 아홉 시 반쯤 모르는 번호로 전화 한 통이 왔다. "안녕. 조지랑 통화할 수 있을까?" 웬 남자가 다급한 목소리로 물었다.

"내가 조지야."

"아, 나는 찰스라고 해. 내가 네 라인 형제(남학생 사교클럽의 입회 동기들을 일컫는 용어로 입회 행사 때 일렬로 줄line을 서서 서약하는 데서 유래했다-옮긴이)인가 본데."

남학생 사교클럽이 어떻게 돌아가는지는 익히 건너들은 터라 지금 이게 실제 상황인지 아니면 골탕 먹이려는 것인지 긴가민가했다. 심장이 쿵 내려앉았다. 신고식을 둘러싼 무시무시한 소문이 떠올랐다. 나는 겁쟁이가 아니었지만 아무리 그래도 함정에 제 발로 걸어 들어가고 싶진 않았다. 찰스는 자신과 만날 곳의 주소를 알려줬다.

일단 사촌들에게 이 사실을 알렸다. 다들 놀란 눈치였다. 나는 그들에게 내가 갈 장소와 찰스의 번호를 공유했다. 사촌들은 이동할 때 어디로 가는지 문자로 남기고 집에 돌아올 때도 연락하라고 했다. 나의 안전을 위해 우리끼리 정해둔 시스템이었다.

잔뜩 긴장해서 차에 올라탔다. 나의 오래된 벗 아니타 베이커의 노래를 들으며 시내 반대편으로 향했다. 한 아파트 건물 바깥에 서 있던 기억이 난다. 장난인지 실제 상황인지 여전히 알 수 없어 일단 건물에 들어가기 전에 전화를 걸었다. 나는 진심으로 사교클럽에 들어가고 싶었다. 그러나 신고식에서 다치고 심지어는 목숨을 잃기도 한다는 소리를 들은 터였다. 나는 신경이 곤두선 채로 기다렸다. 얼마 안 있어 라인 형제 중 하나가 나를 데리러 건물 밖으로 나왔다.

아파트 안으로 들어가니 열 명의 형제들이 나를 기다리고 있었다. 일부는 얼굴이 익었고 나머지는 캠퍼스에서 본 기억이 없는 사람들이었다. 그날 밤 우리는 서로 알아가는 시간을 가졌다. 몇몇은 나를 만나 신난 눈치였지만 몇몇은 '새로 들어온 애'

를 교육해야 하는 걸 못마땅해했다. 그들은 학기 시작 전부터 은밀히 만남을 이어온 듯했다. 공식적으로 '온 라인on line'(사교클럽 입회 과정을 일컫는 용어 - 옮긴이) 상태가 아님에도 이미 스터디 그룹을 만들어 선배들이 방학 동안 숙지하라고 준 정보를 함께 공부했다고 했다. 나는 공식 입회 전에 합류한 것인데도 공부할 내용을 숙지하지 못해 뒤처진 상태였다.

그래도 신이 났다. 마침내 이전의 나와 정반대되는 일을 하게 되었으니까. 사교클럽에 들어가는 것은 나의 남성성을 탐구하는 동시에 터프함을 입증할 기회였다. 내게 남성성은 필요조건이었다. 나는 남성성을 뽐내는 남자에게 매력을 느꼈다. 따라서 남성성을 획득하는 것은 나 자신을 사랑하는 하나의 형태로도 느껴졌다. 나는 나를 사랑하고 싶었다. 나 자신과 사랑에 빠지고 싶었다.

입회 동기가 된 우리는 석 달 동안 똘똘 뭉쳐 살았다(옛날에는 그걸 '온 라인' 상태라 불렀지만 요즘은 그냥 '입회 과정'이라고 부른다). 우리는 주기적으로 만나 정보를 공유하고 학습했다. 그리고 선배들 앞에서 배운 걸 선보였다. 우리끼리의 일을 웬만해서 밖에 말하진 않으니 상당 부분이 과거 전통을 고스란히 따랐다고만 말해두겠다.

1989년 전까지 신고식은 '지상에 올라오기'로 불렸다. 그때 비로소 라인 형제와 자매가 세상에 모습을 드러낸다는 뜻이었다. 신입들은 온종일 캠퍼스에 모여 클럽 선배들을 따랐다. 캠퍼스 사람들 모두가 보는 앞에서 선배들 지시대로 움직였다. 가끔은 망신스러운 행동도 해야 했다. 그런 것도 과정의 일부였다.

그런데 안타깝게도 1988년, (내가 관심을 둔) 알파 피 알파에 들어가려던 학생 하나가 신고식 도중 불의의 사고로 목숨을 잃었다. 이후 비슷한 일이 일어나지 않게 신고식을 규제하는 연방법이 세워졌다. 신고식을 법적으로 금지한 주도 많다. 그러나 지난 50년 동안 미국에서는 해마다 신고식으로 목숨을 잃는 피해자가 한 명 이상씩 나오고 있다. 사망 원인은 대부분 알코올 남용이다. 사망 사고가 발생하면 연관된 사교클럽과 회원들이 감옥에 가고, 벌금을 물고, 전과 기록을 갖게 된다. 모두가 안전을 불문율로 여기지는 않을 테니 나로서는 라인 형제들과의 첫 만남과 혹시 모를 신고식을 경계할 수밖에 없었다.

2017년 영화 〈죽는 날까지Burning Sands〉가 개봉했다. HBCU에서 치러지는 비밀 신고식의 잔혹함을 잘 그려낸 영화다. 영화 속 장면들은 많은 학생의 실제 경험담이자 과거에 존재했던 전통이다. 모든 이야기를 담아내진 못했으나 신고식의 현실을 어느 정도 보여줬다.

입회 과정을 겪으며 우리는 친구 이상으로 끈끈해졌다. 가족에 가까운 형제애가 생겨났다. 그때까지 나는 나의 '무리'를 가진 적이 없었다. 무리가 생겼다는 건 평생 함께할 친구들을 얻었다는 뜻이었다.

'온 라인'—옛 신고식을 연상한다고 해서 더 이상 쓰지 않는 용어다—기간에 우여곡절이 많았다. 온갖 소동과 싸움과 언쟁이 이어졌다. 우리는 그렇게 하나가 됐다. 대단히 남성적인 애들이 있는가 하면 썩 그렇지 않은 애들도 있었다. 하지만 그런 건 중요하지 않았다. 바로 내가 바라던 환경이었다. 나의 여성성이 문제시되지 않는 환경. 나를 나로 봐주는 사람들. 나는 라인 형제들과 함께하며 그런 환경을 발견했다.

본격적인 입회 과정은 1월부터 시작됐다. 우리는 사교클럽에 대한 정보를 공부하려고 주기적으로 모였다. 그런 정보를 배워야 하는 이유는 몇 가지가 있었다. 먼저 우리가 속한 조직의 역사를 알아야 했다. 둘째, 전국 규모로 열리는 입회식 전에 시험을 통과해야 했다. 마지막으로, 캠퍼스에서 선배들과 여학생 사교클럽 회원들을 모아놓고 발 구르기, 복창 인사 등을 포함하는 일종의 공연을 선보여야 했다.

3월, 드디어 전국 입회식이 열렸다. 행사는 주말에 총 두 번 열렸는데 한 번 열릴 때마다 종일 이어졌다. 우리는 주말 동안 우리에게 자문해줄 선배들을 만났고 두 달간 배운 것들을 점검했다. 이 모든 건 비밀리에 치러져야 했으므로 캠퍼스에 있는 회원들은 알고도 모른 체를 했다. 시험을 통과하고 나면 4월 7일 공증식이 열릴 예정이었다.

전국 시험이 있고 공증식 이전까지 우리는 학교에 다니는 지부 선배들을 만나 이야기를 나눴다. 이즈음이 되면 입회 과정이 슬슬 마무리된다는 뜻이다. 하루는 우리 집에 모여 연습하고 있는데 선배 하나가 내게 연락해 평생 들어온 그 질문을 냅다 던졌다. 스피커폰으로 선배의 목소리가 쩌렁쩌렁 울려퍼졌다. "너 게이라며. 우리 지부는 f***** 새끼들 안 받는다." 내 첫 반응은 이랬다. "저 게이 아니에요, 선배. 아무튼 무슨 말씀인지 이해해요." 선배가 먼저 전화를 끊었다.

라인 형제들 누구도 선뜻 먼저 입을 열지 못했다. 나는 화가 났다. 그리고 화가 나면 늘 하는 행동을 했다. 울음을 터트린 것이다. 라인 형제 제럴드가 가장 먼저 다가와 나를 보며 안아줬다. 나는 꺼이꺼이 울었다. "이딴 말 진짜 지긋지긋해."

나머지 라인 형제들도 모여들어 나를 안아줬다. "마음 단단히 먹어." 누군가 말했다. "이제 우린 너무 멀리 왔어." 맞는 말이었다.

솔직히 달아나거나 포기할 생각은 전혀 없었다. 내가 축구를 못할 거라 생각한 애들에게 나는 그들 생각이 틀렸음을 증명했다. 나는 평생을 그렇게 나 자신을 증명해왔다. 나의 섹슈얼리티를 근거로 나를 의심하는 사람들에게 나는 똑같은 상황에서 내가 스트레이트 애들보다 훨씬 더 강인하다는 걸 보여주고 싶었다. 그냥 잘하는 게 아니라, 더 나은 사람이고 싶었다.

그날 밤 몇몇 형제들도 위로를 얻었을 것이다. 그들도 내면의 퀴어를 억누르고 있었으니까. 우리는 함께였기에 훨씬 강인해졌다. 그날 나는 앞으로 어떤 일이 닥치건 내 뒤에는 언제나 여덟 명의 형제가 있으리란 걸 깨달았다.

드디어 2006년 4월 7일이 왔다. 우리 사교클럽은 1906년에 설립됐고, 우리가 속한 지부는 사교클럽 설립자가 1907년에 세운 조직이었다. 우리 지부는 그리스어로 이름을 짓는 흑인 사교클럽 중 역사가 가장 오래된 축에 속했다. 나는 라인에서 일곱 번째 자리에 섰다. 설립자가 일곱 명인 우리 클럽에서 숫자 7은 의미가 남달랐다.

캠퍼스에 도착하니 천 명에 가까운 학생들이 스퀘어에서 우리를 기다리고 있었다. 가면을 쓴 우리는 팔로 앞사람 어깨를 감싸 밀착한 자세로 스퀘어를 향해 행진했다. 적어도 내 생각에는 그랬다. 이제 남은 시험은 단 하나였다. 선배들이 우리가 쓴 가면에 눈가리개를 둘렀다. 우리는 그 상태로 다시 행진했다. 회장 어깨에 손을 두른 에이스가 우리 모두의 눈이 되었다.

대단히 긴장했던 기억이 난다. 기온이 30도에 육박한 그날 밤 우리가 고대하던 순간이 다가오고 있었다. 그러다 갑자기 행진이 멎었다. 심장이 쿵쾅거렸다. 대열이 무너진 것이다. 눈을 가린 채 이른바 '죽음의 행진'을 하기란 쉽지 않았다. 우리는 일어나 다시 행진했다. 계단을 내려가고 모퉁이를 돈 다음 멈췄다. 회장 지시대로 앞사람을 감고 있던 팔을 풀었다. 선배들이 눈가리개를 벗겼다.

눈앞에 알파가 번쩍였다. 말 그대로 알파라고 쓰인 간판이 빛나고 있었다. 모두가 환호하며 분위기를 띄웠다. 긴장되고 땀이 뻘뻘 나는데도 어느 때보다 힘이 솟았다. 회장이 다시 대열을 지시했고 우리는 행진을 이어갔다. 눈가리개 없이 마지막으로 하는 행진이었다.

스퀘어에 우리가 등장하자 환호성이 쏟아졌다. 회장 지시대로 팔을 풀었다. 내 앞에는 온 가족과 친구들이 와 있었다. 엄마, 세라 이모, 먼치 이모, 삼촌, 사촌들, 모니크, 이비까지. 모두 큰

소리로 외치고 있었다. "넘버 세븐!!!"

이번만큼은 나의 섹슈얼리티 때문이 아니라 나 자신 때문에 흑인 사회 피라미드 꼭대기에 올라 주목받고 있는 느낌이었다. 더는 마지막까지 남겨질까 봐 걱정하지 않았다. 나 자신을 지키려고 남성성을 강요받지도 않았다. 나의 남성성은 내가 정의하는 것이었다. 이제 나는 자랑스럽게 모두의 주목을 받는 아이, 사람들의 응원을 받는 아이였다.

두 시간 가까이 캠퍼스에서 인사를 올리고, 역사를 읊고, 발을 구르며 춤추는 행사가 이어졌다. 별안간 30분간 소나기가 쏟아지는 바람에 스퀘어에서 시작된 공증식은 헨더슨 센터 강당으로 옮겨졌다가 다시 스퀘어에서 진행됐다. 강당에 있는 동안 우리 중 절반이 마스크를 벗고 자기소개를 했다. 나머지는 야외에서 치러졌다. 내 앞 순서는 트라본이었다. 두려움에 입이 바짝 말랐다. 그러나 두려움 때문에 순간을 망치기에는 그간의 노력이 너무 아까웠다.

선배들이 내 앞에 모이자 사람들이 환호했다. 입회 과정 동안 선배들이 나를 퀴어로 의심해왔다는 건 더 이상 중요하지 않았다. 그들이 나를 어떻게 생각하든 내가 남들과 다르지 않게 강인하다는 사실, 그것만이 중요했다. 흑인 커뮤니티에서 사교클럽에 들어간다는 것은 강인함의 상징이었다. "작열하는 모래밭을 통과해" 살아남았다는 뜻이었다. 선배들이 내 가면을 벗겼다. 드디어 내가 한 발 앞으로 나갔다.

"조지 매슈 존슨 인사 올립니다. 뉴저지 플레인필드에서 왔

습니다. 금융 전공에 학점은 3.3입니다. 라인 이름은 칼파니, 왕
과 통치자를 뜻합니다. 알파는 지금까지 언제나 그랬듯 앞으로
도 이곳을 다스릴 것이기 때문입니다."

　　그날 밤 나는 남자다움이란 건 단일하지 않다는 걸 입증해
냈다. 세상에는 나와 같은 모습의 남자다움과 '남성미'도 존재한
다. 이제 내게 흑인 퀴어의 모습을 드러낼 책임이 주어졌다. 훗
날 흑인 퀴어 친구들이 나를 보며 스스로 남성성을 정의할 수
있단 걸 알았으면 싶었다. 그동안 나는 온갖 남성성을 쫓아다녔
으나 그럴 필요가 없었다. 내게 남은 일은, 온전히 진실한 내가
되는 것뿐이었다. 알파 피 알파의 일원이 되어 나의 섹슈얼리티
와 성적 공간으로 그들을 들여야 할 차례였다.

　　이제 내가 나를 정의할 순간이 온 것이다.

15장
순결을 두 번 잃다

동성과의 섹스는 상상해본 적이 없었다. 상상 속 나는 언제나 남자와 섹스하는 여자였다. 머릿속에 도미니크라는 또 다른 자아를 만들어 내가 여자라면 이런 모습이겠거니 이미지를 그린 뒤 그 모습대로 상상 속 남자애와 섹스를 꿈꿨다. 나의 상상은 거기까지였다. 그러다 상황이 바뀌었다. 대학에 가면서 몰랐던 것에 눈을 뜬 것이다.

말했다시피 그 시절에는 주류 문화에 퀴어가 등장하는 법이 거의 없었고 고등학생 때 배운 성교육은 굉장히 보수적이었다. '새와 벌'을 예시로 드는 성교육 이야기는 내게 아무런 도움도 되지 않았다. 새와 벌이 어떻게 짝짓기 하는지 누가 관심이나 있다고? 그런 성교육은 정말이지 터무니없었다. 심지어 나는 가톨릭학교에 다녔으니 더 말할 것도 없었다. 가장 좋은 피임법은 금욕이라고 배웠다. 온갖 다이어그램과 도표, 그리고 제대로 된 콘돔 착용법을 알려주기 위한 바나나 따위가 등장했다.

우리가 섹스에 대해 배운 것은 기초였다. 이를테면, 발기가 무엇인지, 정액이 어떻게 나오는지, 그게 어떻게 난자로 이동해 아기를 만드는지 등. 클라미디아, 임질, 에이즈 같은 성병에 대해서도 배웠다. 하지만 전부 피상적인 정보에 그쳤다. 그런 질병이 커뮤니티에 어떤 해악을 입히는지, 특히 에이즈가 흑인 커뮤니티를 어떻게 망가뜨리는지에 대해서는 전혀 몰랐다.

두 남자끼리 하는 섹스도 배운 적이 없었다. 나는 누군가와 섹스하는 게 그려지지 않아 혼자 자위했다. 남자에게 감정이 생기긴 했지만 내가 겪은 남자들, 그러니까 토머스와 에번에게 느낀 감정은 사랑 이야기나 포르노에서 그려지는 것과 달랐다. 그런 이야기 속 사랑은 대부분 남자와 여자 사이에서 일어났다. 두 남녀는 들떠 보였고 서로에게 확신이 있었다. 포르노 서사는 지나치게 낭만화되어 있다지만 그럼에도 거기에는 열정이란 게 존재했다. 아무리 진부한 이야기일지라도 연애가 전무한 내 삶보다는 나았다. 누군가를 믿고 관계 맺을 수 있게 되기 전까지는 혼자 하는 섹스로 만족해야 했다.

그런데 대학교 3학년이 되어 바로 그 순간이 찾아왔다. 나는 스물한 살이 다 되도록 누군가와 성관계를 해본 적이 없었다. 집안 사촌들에게는 상상도 못할 일이었다. 이성애자 사촌들에게 (여자와) 섹스한 척 거짓말을 하는 건 정말 골치 아픈 일이었다. 여성의 질은 영화에서나 봤지 두 눈으로 본 적이 없었고 딱히 보고 싶다는 욕망도 생기지 않았다.

그리스어로 이름을 짓는 사교클럽 회원이 되고 나면 반짝이는 스포트라이트를 받게 된다. 당신이 존재하는 줄도 몰랐던 사람들까지 전부 다 당신을 알게 된다. 그즈음 어떤 남자애가 내게 호감을 보이며 번호를 물어왔다. 처음에는 플라토닉한 관심인 줄로만 알았다. 지부 회원 누군가의 친구였기에 단순히 친해지고 싶은 거라고 생각했다.

하지만 문자를 주고받으면서부터 친구 사이의 대화는 금세 19금으로 발전했다. 누가 누구 방에 가야 하는 건지, 그런 건 자연스럽게 정해지는 건지 알 수 없었지만 크게 개의치 않았다. 먼저 물어볼 생각도 하지 않았다. 당시에는 그걸 말하는 언어조차 몰랐으니까. 그러다 어느 날 그 애가 룸메이트가 드디어 집을 비웠다며 나를 초대했다.

그 애 집에 가 저녁을 먹었다. 좋았다. 잠시 이야기를 나누다 소파로 가 텔레비전을 봤다. 20분쯤 지나자 그 애가 슬며시 내 팔 아래 감겼다. 남녀가 관계하는 장면을 그간 봐온 것으로 미루어 보았을 때 이건 내가 리드하는 쪽이라는 신호였다.

몇 분을 서로 껴안고 있다가 내가 몸을 기울여 자연스레 입을 맞췄다. 첫 키스였다. 나 스스로도 뭘 하고 있는 건지 몰라서 무척 떨렸다. 이제 무슨 일이 일어날지도 감이 잡히지 않았다. 나의 의지로 누군가와 몸을 섞은 건 정말 처음이었다. 그 순간 나는 내게 있는 힘을 느꼈다.

대뜸 그 애가 말했다. "키스 잘하네." 처음이었던 나는 얼떨떨했다. 하지만 너무 흥분해 그 말에 반응하지도 않고 다시 입을 맞췄다. 키스하는데 그 애가 내 바지 지퍼를 내렸다. 처음이 아닌 게 확실했다.

그 애 손이 아래로 내려가 내 성기를 잡았다. 그리고 입으로 그걸 빨아주었다. 나는 편히 앉아 즐겼다. 그 애도 즐기는 듯했다. 역시 전에도 경험했던 건지 거침이 없었다. 이번에는 자신에게 해줄 수 있냐고 묻기에 나는 물론 그러겠다고 했다. 내가 입을 놀리는데 그 애가 말했다. "이가 안 닿게 조심해줘." 경험이 없다는 걸 들키기 싫었던 나는 속도를 늦췄고, 다행히도, 서서히 리듬을 찾았다. 그 애는 내가 경험이 없다는 걸 몰랐다. 나는 가장 좋아하는 포르노 스타를 떠올리며 리드하는 역할을 잘 해내려 노력했다. 지금은 영화의 한 장면이고 나는 거기 출연하는 배우였다.

온몸이 짜릿했다. 단순히 순결을 잃는 것 이상의 의미였다. 나는 난생처음 스스로 성적 만족감을 느끼는 데 동의했다. 내가 원하던 섹스가 정말 가능하단 걸 확인받은 순간이기도 했다. 열정적이면서 다정하고, 무엇보다 재미있고 만족스러운 섹스. 내 입에 들어온 그 애 몸의 감촉이 너무나도 좋았다.

한참 후에 내가 위로 올라가 다시 그 애와 키스했다. 그러고 함께 일어나 그 애 침대로 갔다. 그 애가 옷을 벗었다. 실오라기 하나 없었다. 나는 바지와 팬티를 벗은 뒤 배를 깔고 누운 그 애 뒤쪽으로 갔다. 어두운 방의 블라인드 틈새로 달빛이 쏟아졌다. 두 흑인 남자의 몸이 푸른 달빛을 받아 빛났다. 참으로 시적인, 아니, 아이러니컬한 순간이랄까?

무지하게 겁이 났다. 일단, 경험이 있는 그 애와 달리 나는 뭘 어떻게 해야 하는지 몰랐다. 또한 아직 대학에 다닐 때다 보니, 혹시 섹스 경험이 없다거나 실력이 형편없다는 소문이 캠퍼스에 퍼졌다가는 큰일이었다. 내가 남자와, 그것도 지부 회원의 친구와 섹스한다는 것은 말할 필요도 없었다.

처음 몇 분간은 삽입 없이 애무를 즐겼다. 나는 그 애 등에 올라타 입을 맞췄다. 잠시 즐기던 그 애가 침대 옆 탁자에서 콘돔과 윤활유를 꺼냈다. 그러고 다시 배를 깔고 누웠다. 한 번도 해본 적 없었지만, 이제는 진짜 삽입해야 할 차례였다. 물론, 지난 7년간 포르노를 보며 갈고닦은 지식을 참고하면 됐다. 이성애 포르노였으나 참고하기에는 충분했다.

파란색 콘돔에서 솜사탕 향이 났다. 윤활유를 바른 뒤 그 애를 무릎 꿇게 하고 뒤에서 매끄럽게 삽입을 시도했다. 그 애가 아프지 않게 최대한 힘을 뺐다. 아프게 하고 싶지 않았다. 천천히, 부드럽게 움직였다. 이내 그 애 입에서 신음이 새어나왔다.

그 애가 흥분한 것이 느껴졌다. 나 역시 그랬으나 괜한 자존심에 티 내고 싶지 않았다. 무척 떨렸지만, 나 스스로 상황을 통제하고 있으며 무려 첫 번째 만에 성공했다는 사실이 뿌듯했다. 그 순간만큼은 계속 주도권을 갖고 싶었다. 15분 정도 지났을 때, 드디어 그 느낌이 찾아왔다. 다리에 힘이 풀리고 허리에 감각이 없어졌다. 큰 신음이 절로 나왔다. 급기야 그 애가 옆집에 들리겠다며 소리를 낮추라고 타일렀다. 삽입을 끝낸 뒤 그 애가 자위하는 동안 나는 그 애에게 입을 맞췄다. 이내 그 애 역시 절정에 도달했다.

영광스러운 밤이었다. 두려움을 극복하고 내 뜻대로 남자와 섹스를 하다니. 그동안 정체성을 꾹꾹 억누르며 데이트도 키스도 피해온 내게, 버지니아주 리치먼드 외곽 어느 아파트에서 마법 같은 밤이 찾아왔다. 계속 그 애와 붙어 있고 싶었다. 그 애도 그러길 바랐지만 나는 잠시 일어나 라인 형제 한 명에게 전화를 걸어 마침내 섹스했다는 음성 메시지를 남겼다.

그러곤 이불 속으로 들어갔다. 그날 밤 우리는 벗은 몸으로 서로 팔에 기대 잠들었다. 그 애에게 나는 캠퍼스에서 만나 끝내 정복한 귀여운 사교클럽 남자애 중 하나였겠으나, 내게 그날 밤은 성적 탐험 여정의 시작이자 얼른 다시 경험하고픈 순간이었다.

우리는 2주 후 학기가 끝나기 전에 두 번째 섹스를 했다. 그 애는 고향에 돌아갔고 나는 리치먼드에 머물렀다. 여름 내내 나는 아무와도 섹스하지 않았다. 몇 번 입을 맞추고 함께 자위하며 놀아난 적이 있긴 했지만, 삽입 섹스는 엄두가 나지 않았다.

다시 시도하기에는 내 안에 질문이 많았다. 탑top 역할을 즐기긴 했으나 내가 정말 리드하는 쪽이 되고 싶은 건지는 확신이 들지 않았다. 나는 여전히 섹스뿐 아니라 게이 문화와 섹스 성향에 대해 모르는 게 많았다. 내가 그 애와 할 때 '탑'이었다고 해서 쭉 그러란 법은 없었다. 좀 더 복종하는 역할의 바텀bottom 포지션일 때 나는 어떤지도 궁금했다(날 아는 사람이라면 내가 그런 성향이 전혀 못 된다는 걸 알 테지만). 앞으로 내게 섹스가 가벼운 원 나이트 정도인지, 아니면 그 이상일지 시간을 두고 고민하며 결정하고 싶었다.

다음 학기에 나는 4학년이 됐다. 그리고 사교클럽 회장으로 뽑혔다. 캠퍼스에서 가장 유명한 학생 중 하나가 된 것이다. 멋진 한 해의 멋진 시작이었다. 그 무렵 나는 블랙 게이 챗Black Gay Chat이라는 데이트 애플리케이션을 쓰고 있었다.

하루는 나와 같은 학교에 다닌다는 남자애에게서 메시지가 왔다. 늘 내게 관심이 있었다며 만나고 싶다고 했다. 생일을 맞아 뉴저지에 가기 하루 전날 밤이었다. 나는 하루 일찍 내게 선물을 주는 셈 치며 그 애와 만나기로 했다. 그 애 아파트에서 텔레비전을 보며 술을 마셨다. 10분 정도 지났을 때 우리는 키스하며 옷을 벗었다.

그 애는 내 손을 이끌고 자기 방으로 향했다. 우리는 빠르지만 조심스럽게 서로의 옷을 벗겼다. 그 애가 침대에 누우라고 하더니 콘돔을 끼우며 "엎드리라"고 했다.

심장이 빠르게 뛰었다. 초조해진 나는 뭘 하는 거냐고 물었다. 그 애는 그냥 "너랑 하고 있지"라고만 대답했다. 그 말에 웃음이 터졌지만 결국 나는 바텀 경험이 없다고 말했다. 그러자 그 애가 나를 보며 이렇게 말했다. "그래? 오늘 해보면 되겠네."

엄청나게 긴장됐다. 태어나서 처음 해보는 일을 할 때는 대부분 두려움이 앞서기 마련이다. 그런데 이건, 심지어 내 엉덩이에 일어나는 일 아니던가. 내 안에 뭔가 들어오는 상상은 쉽사리 그려지지 않았다. 게다가 그 애는…… 컸다. 그래도 해보기로 마음먹었다.

이전에 내가 탑으로 섹스할 때 상대는 분명 그걸 즐겼다. 하지만 그 애는 이전에도 애널섹스 경험이 있었다. 그러니 어떤 느낌인지 알았을 것이다. 나는 아니었다. 열혈 포르노 시청자로서 내가 애널섹스에 관해 아는 것이라곤 고통을 수반한다는 것, 적어도 카메라 앞에서는 그 고통을 부풀려 표현한다는 것 정도였다.

긴장과 취기를 느끼며 나는 그 애 말대로 배를 깔고 엎드렸다. 그 애가 내 뒤에서 천천히 삽입했다. 태어나 처음 느끼는 극심한 고통이었다. 그 애가 윤활유를 덧바른 뒤 다시 시도했다. 아까만큼은 아니었으나 여전히 아팠다. 그 애는 천천히 움직였다. 마침내, 고통과 함께 쾌락이 찾아왔다.

즐기지 않았다고 말하기는 어렵다. 나름 즐겼으니까. 하지만 정말 고통스러웠다. 단 몇 분이었지만 그 애는 나를 부드럽게 대했고 날 아프게 할 생각이 없었다. 나 역시 그 애를 만족시키고 싶었다. 다행히도 삽입 시간은 그리 길지 않았다. 그 애는 키스 후에 삽입을 마쳤다. 이후 나는 섹스를 이어가지도 자위를 하지도 않았다. 그냥 충격에 빠진 상태가 됐다. 얼른 집에 가고 싶었다.

다음 날 아침 나와 라인 형제들은 내 차를 타고 함께 뉴저지로 갈 계획이었다. 하지만 내 몸의 통증이 가시질 않았다. 나는 출발 전에 형제들에게 어젯밤에 있었던 일을 털어놓았다. 그러자 형제들은 타이레놀을 주며 "익숙해지려면 시간이 걸린다더라"라고 말해줬다. 어쨌거나 다들 자랑스러워했다. 마치 보이스카우트라도 된 듯 게이 명예의 훈장을 하나 더 얻은 것이다.

통증은 3주 가까이 이어졌다. 애널섹스했다는 사실을 말할 자신이 없어 병원에는 가지 않았다. 인생 트라우마 대부분을 대할 때처럼, 나는 저절로 나을 때까지 통증을 삼키고 견뎠다. 이후로 몇 달간 섹스는 시도하지도 않았다.

시간이 어느 정도 흐르고 나니 다시 해볼 자신이 생겼다. 이번에는 만반의 준비를 했다. 섹스할 때마다 내 몸에 대해 배웠고 "아니, 아파"라고 말할 힘을 터득했다. 섹스는 즐거워야 한다. 그 즐거움을 지켜줄 방법은 물론 있다. 연습이 완벽을 만든다는 말이 있듯, 나는 숱한 연습을 하게 됐다.

스트레이트 친구들이 한창 섹스를 알아가던 시절에 나도 퀴어 섹스를 접할 수 있었다면 내 첫 경험이 어땠을지 상상해보곤 한다. 나의 퀴어 섹슈얼리티는 퀴어라는 존재의 여러 면모가 그렇듯, 거대하고 위험천만한 속성 과정을 거쳤다.

적절한 성교육을 가르치지 않는 것은 위험하다. 이성애 규범 바깥에서 섹스하는 아이들을 가르치지 않는 것은 특히 위험하다. 물론 에이즈를 가르치기는 하지만 백인 아이들 위주의 학교에서 그것은 우선순위가 되지 못한다. 흑인 퀴어는 에이즈에 가장 취약한 집단임에도(역사적으로 미국 흑인은 차별적인 의료 시스템에서 배제돼왔고, 복지 인프라와 교육 접근성의 부족으로 백인과 비교해 여러 질병에 취약함을 드러낸다. 에이즈 발병률을 놓고 보더라도 백인 대비 흑인(그리고 유색인종)의 비율이 월등히 높다─옮긴이), 백인 렌즈를 통해 성교육을 받은 나는 내가 백인 친구들처럼 그 질병에 천하무적일 거라고 생각했다.

'바나나 테스트'는 우리 다리 사이에 있지도 않은 바나나에

콘돔을 잘 끼우는 법을 알려줬을 뿐이다. 즐거움이 아닌 출산의 도구로서 섹스를 가르치는 성교육은 우리에게서 섹스에 대해 제대로 이해할 능력을 앗아갔다. 나는 내가 뭘 하는지 모르는 채로, 제대로 된 도구도, 자원도, 정보를 구할 든든한 커뮤니티도 없이, 위험한 상황에 빠져들었다.

퀴어는 섹스할 때 다른 커뮤니티보다 큰 위험을 감수한다. 우리는 높은 확률로 성병에 감염된다. 질병통제센터CDC에 따르면, 동성과 성관계한 흑인 남성의 절반이 에이즈에 걸린다. 라틴계 퀴어 남성은 4분의 1이 에이즈에 걸린다. 퀴어 청소년에게 기본적인 성교육을 제공하지 않는다면 이 수치는 영원히 줄어들지 않을 것이다.

많은 퀴어는 어른이 되어 두 번째 사춘기를 겪는다. 제대로 배우지 못했기 때문이다. 나만 해도 10대 때는 섹슈얼리티를 탐험할 기회가 없었다. 커밍아웃한 게이 친구가 있지도 않았고 조언해줄 어른을 알지도 못했다. 또래 남자애와 연애하거나 남자친구를 사귄 경험도 없었다. 나는 많은 것을 스스로 깨쳐야 했다. 그래서 다들 성적 탐험을 하던 10대에 저지르는 실수와 얻게 되는 교훈을 다 큰 어른이 돼서야 하나씩 겪었다. 가족이 제공하는 안정감과 지지의 테두리 안에서, 또 스트레이트 친구들과 더불어 배우고 성장하는 것이 당연한 사춘기 시절, 우리는 오히려 우리 모습을 억누르느라 급급했다. 이 사회의 이성애 중심 시스템은 문자 그대로 우리 삶의 궤적을 바꿔놓을 만큼의 힘을 발휘한다.

순결을 두 번 잃는 경험을 통해 나는 내가 누구인지, 어떻게 관계를 맺는지 비로소 이해했다. 사회가 미리 만들어놓은 상자에 들어가려고만 하면 자신이 무엇을 좋아하는지, 어떤 사람인지 알 수 없다. 각자의 호오好惡를 알아갈 것. 자신에게 딱 맞는 섹스 환경을 만들어갈 것. 섹스는 젠더나 성적 정체성과 상관없이 한 인간으로서 경험하는 성장의 일부다. 서로 관계 맺는 데 필요한 자원을 부정당할 권리는 누구에게도 없다.

지금 아는 걸 과거에도 알았다면 참 좋았을 것 같다. 그러나 지금까지의 섹스 경험을 후회한 적은 없다. 솔직히 이 장을 쓰면서 가장 겁이 났다. 털어놓아도 될지 여전히 고민되는 나의 약한 모습을 온 세상에 공개하는 것이기 때문이다. 내 첫 경험은 기쁨으로 충만했다. 두 번째 경험은 고통으로 가득했다. 나는 그 모든 걸 경험했기에, 누군가는 그런 일을 피할 수 있게끔 경험담을 나누고 싶었다.

이런 이야기가 반발을 사게 되려나? 무조건 그럴 것이다. 그러나 두렵다는 이유로 침묵하지는 않을 것이다. 10대 시절 내가 가장 두려웠던 건, 홀로 남겨져 성 경험의 시행착오를 겪는 것이었으니까. 약간의 부끄러움을 무릅써 독자들이 좀 더 준비할 수 있다면, 그걸로 만족한다.

16장

왜 전화를 걸지 않았을까

크리스마스가 끝나고 마지막 학기를 마무리하러 학교에 돌아가게 됐다.

"운전 조심하고, 맷." 떠날 채비를 하는 내게 엄마가 말했다. "도착하면 전화하거나 문자 남기렴. 아빠한테 인사 드리고."

어린 시절 오르내렸던 복도를 걸어 엄마 아빠 방으로 들어갔다. "어디 가냐?" 아빠였다.

나는 아빠가 그렇게 말할 때가 좋았다. 집을 떠난 지 4년이 다 돼가는데도 아빠는 내가 떠난다는 사실에 놀라는 것처럼 행동했다. 가끔은 아들이 버지니아로 떠나는 게 아쉬운 눈치였다. 내가 집에 오는 날은 1년에 몇 번 없었고, 말로 표현은 안 해도 아빠는 가족을 무척 아꼈다.

지난 스무 해가 넘는 동안 매번 그랬듯, 그해 크리스마스 연휴도 행복했다. 가족과 선물로 충만한 시간이었다. 아빠는 언제나 선물 목록에 적힌 것 이상을 챙겨줬고 온 가족이 둘러앉아 크리스마스 저녁을 먹었다. 요리는 어김없이 내니가 지휘했다. 몇 시간씩 앉아 프로 농구 경기를 보았고, 음식을 나눠 먹었고, 술을 마셨다.

하지만 나는 뉴저지에 있는 게 싫기도 했다. 그곳에 있으면 가족, 몇 안 되는 친구들과 함께했던 시간, 그러나 대부분은 홀로 지내야 했던 기억이 떠올랐다. 나에게 뉴저지는 과거의 외로움과 이어지는 공간이었다. 이제 내 삶은 버지니아에 있었다. 그곳엔 매일 만나 어울리는 친구들이 있었다. 사교클럽 형제들, 특히 라인 형제들이 있는 곳. 그 애들은 내 삶의 항수가 돼 있었다. 매일 문자를 주고받고 밤마다 전화로 수다를 떠는 친구들. 우리는 한 몸처럼 붙어다녔다.

연휴 동안 우리는 문자와 전화로 맘에 드는 선물과 별로인 선물에 관해 이야기했다. 크리스마스 당일, 나는 가장 친한 라인 형제인 케니에게 전화를 걸었다. 케니는 필라델피아에 살았다. 라인 형제 중 북부에 사는 건 케니와 나뿐이었다. 그래서 우리 관계는 특별했다. 북부는 남부와 전혀 달랐다. 스타일부터 거리 분위기, 음악 모두. 우리는 그것들을 이해했다.

케니는 1년 내내 갖고 싶었던 카메라를 선물로 받았다고 했다. 수화기 너머로 케니가 얼마나 신났는지가 고스란히 전해졌다. 방학마다 케니와 나는 늘 함께 차를 타고 고향으로 갔다. 내게 차가 있었고 필라델피아는 플레인필드와 그리 멀지 않았다. 그날 다시 연락해 케니에게 함께 버지니아로 돌아가겠냐고 물었다. 케니는 연휴가 끝날 때까지 본가에 머무를 거라고 했다.

나는 아르바이트 때문에 먼저 버지니아로 출발했다.

그날 온종일 라인 형제들과 연락했다. 태어나 처음으로 행복한 보통의 존재로 살아가는 기분이었다. 친구를 찾아 헤매던 어린 소년이 드디어 형제라 부를 만한 친구들을 갖게 됐다. 재미있게도 그 덕에 스트레이트 친구 넷과 게이 친구 넷이 생겼다. 이에 대해서는 나중에 더 말할 기회가 있을 것이다.

스트레이트와 퀴어 사이의 이런 균형은 그 자체로 내 삶의 은유였다. 나는 어느 쪽에서건 내 공간을 찾으려 애썼다. 내게는 그런 공간이 필요했다. 어디에서건 잘 살 수 있음을 보여주는 공간. 남들에게 잘 보이려고 내 정체성을 타협할 필요가 없는 곳.

친구들과 함께 만들어낸 삶의 공간으로 되돌아갈 수 있어 행복했다. 12월 28일은 그리 춥지 않으나 싸늘한 한기가 도는 겨울날이었다. 오전 열 시쯤 차를 몰고 나섰다. 아빠가 침대 밖으로 나와 처음으로 배웅한 날이었기에 기억이 선명하다.

학교로 돌아가는 나를 배웅하는 건 늘 엄마였다. 아빠는 "어디 가냐?" 외칠 따름이었다. 내가 "네" 하고 대답하면 "오냐, 조심히 가라"라는 말이 돌아왔고, 우리 대화는 거기서 끝이 났다. 그런데 이번에는 달랐다. 아빠가 현관문까지 나온 것이다. 어른이 되어 처음으로 아빠가 나를 꼭 안아줬다. "조심히 가라." 아빠가 늘 하던 말인데도 듣기가 무척 어색했다. 그러나 아빠가 좋은 쪽으로 달라지고 있는 건 분명했다. 어쩌면 아빠는 그날이 얼마나 힘들어질지 미리 감지했던 건지도 모르겠다.

차를 몰고 뉴저지 턴파이크 고속도로로 향했다. 여느 때처럼 음악은 1960년대 블랙 R&B로 시작해 가장 좋아하는 아니타 베이커 베스트 모음집으로 넘어갔다. 바닐라 도넛 두 개, 던카치노 커피, 여분의 스프라이트를 챙긴 나는 계속 아니타 노래를 들었다. 학교까지는 보통 다섯 시간이 걸렸다.

자동차 스피커에서 아니타 목소리가 쩌렁쩌렁 울려퍼졌다. 나도 목청을 높였다. 가장 좋아하는 노래가 나왔을 때는 음정 하나 놓치지 않고 따라 불렀다. 그러다 문득 라인 형제들에게 연락하고 싶어졌다. 말동무가 있다면 다섯 시간 운전 길이 후딱 지나갈 것 같았다.

가장 먼저 에이스 웨인에게 연락했다. 30분쯤 통화한 후에 찰스에게 전화를 걸었다. 그다음에는 제럴드에게, 데이비드에게, 케니에게 연락할 생각이었다…….

케니는 어디 가서 기죽지 않는 아이였고 필요하다면 싸움도 피하지 않았다. 당시 필라델피아 젊은 사람들이 대개 그랬듯 케니도 얼굴을 뒤덮을 만큼 수염을 길렀다. 겉보기에는 강인했으나 마음만큼은 상냥했고 남들을 웃기는 재주가 있었다.

입회 과정을 마치려면 돈이 많이 들었는데 케니는 형편이 넉넉하지 못했다. 그래서 선배나 우리에게 돈을 써야 할 일이 생기면 내가 자주 케니 몫까지 내고는 했다. 케니는 나보다 한 살 정도 어렸다. 내심 나는 케니의 보호자 노릇을 자처했다. 동생 개릿을 돌보듯 케니를 돌봤다.

우리는 음악 취향이 같았고 가족 환경도 비슷했다. 케니는 운전면허를 땄으나 차가 없었고, 나는 차가 있으나 운전을 싫어하는 성격이었다. 따라서 케니는 차 열쇠를 맡길 완벽한 친구였다. 차 보험자 이름을 케니로 해도 될 만큼 케니는 내 차를 많이 몰았다. 우리는 자주 만나 함께 공부했고, 케니가 이따금 '폭발'할 때면 그 애를 말리는 것도 나의 역할이었다. 우리는 꼭 같이 자라는 형제 같았다.

방학이 끝나고 버지니아로 돌아갈 때는 필라델피아에 들러 케니를 픽업했다. 내가 조수석에 앉으면 케니가 핸들을 잡았고 나는 그제야 편히 앉아 눈을 붙였다. 케니는 운전을 참 좋아했다. 케니와의 드라이브는 최고의 기억으로 남아 있다.

데이비드와 수다를 마친 뒤 케니에게 전화를 걸려다 마음을 바꿨다. '지금 전화하지 말자. 집에 도착하면 연락해야지.' 대신 트라본에게 전화를 걸어 평소처럼 두 시간씩 가십을 떠들었다. 디메트리우스한테까지 연락한 다음 마지막으로 크리스에게 전화했다. 이미 버지니아에 들어선 나는 40분만 더 가면 리치먼드에 도착할 터였다. 집에 거의 다 와갈 무렵 휴대전화가 울렸다.

발신인을 보니 제럴드였다. 아까 통화했는데 무슨 일인지 의아했다. 전화를 받자마자 비명이 울려퍼졌다. 찢어질 듯한 비명. "침착해. 무슨 일이야?"

"케니가 죽었대. 케니가 죽었대." 제럴드는 이 말만 반복했다.

순간 어떤 감정도 들지 않아 이렇게 되물었다. "누가 그래?"

"데이비드가 그러는데, 죽었대."

데이비드에게 케니라는 이름의 또 다른 친구나 친척이 있는 거 아닐까. 아무래도 직접 확인하고 싶었다. "데이비드한테 연락 해볼게." 나는 차를 몰면서 서둘러 데이비드에게 전화를 걸었다. "이게 무슨 일이야?"

"케니가 오늘 아침에 죽었대. 크리스마스 수다를 떨려고 전 화를 걸었는데, 사촌이 받더라. 케니가 세상을 떠났다고."

왈칵 눈물이 쏟아졌다. 대체 나는 무슨 생각으로 전화를 걸 지 않았던 걸까. 소식을 듣는 순간에 조금이라도 우리 집과 가까 워야 한다는 걸 우주도 알았던 걸까. 나는 룸메이트 트라본에게 곧바로 전화를 걸어 케니의 사망 소식을 전한 뒤 곧 도착한다고 말했다.

그때까지 이런저런 트라우마를 경험했으나 죽음은 아니었 다. 몇 종조부의 죽음을 겪긴 했어도 이렇게나 가까운 사람의 죽 음은 처음이었다. 어떻게 감당해야 할지 헤아릴 수조차 없는 감 정이 밀려들었다. 집에 도착하니 친구 아리와 사인이 이미 트라 본을 위로하고 있었다.

나는 창가로 가서 엄마에게 전화를 걸었다. 집에 잘 도착했 다는 말과 함께 케니 소식을 전해야 했다. 엄마는 내 목소리를 듣자마자 무슨 일이 생겼다는 걸 직감했다. "케니가 죽었대요"라 는 말은 꺼내기조차 쉽지 않았다. 소식을 들은 엄마는 "뭐!" 하 며 외마디 비명을 질렀으나 이내 평정심을 되찾고 함께 안타까 워했다. 아들이 이런 일을 처음 겪는다는 걸 잘 알았기에, 엄마 에게는 내가 괜찮은지가 최우선이었다.

우리 가족에게도 라인 형제들은 남이 아니었다. 내 스물한 살 생일파티가 열린 날 라인 형제들이 전부 우리 집에 왔다. 그 날 밤 케니와 내니가 춤을 추는 사진도 있다. 라인 형제들은 가족이었다. 나는 케니의 죽음에 상처를 받았고, 우리 가족도 마찬가지였다. 케니라는 아이를 잘 알아서라기보다, 우리 중 누구라도 그렇게 될 수 있음을 알아서였다.

엄마가 수화기 너머로 기도를 해줬다. 우리는 내게 위기가 닥치거나 마음의 치유가 필요할 때면 늘 그렇게 함께 기도했다. 가장 힘든 순간에 기도는 언제나 위로가 되어줬다. 나는 마음을 잘 추스르고 통화를 끝마쳤다. 엄마는 또 연락하겠다며 무슨 일이 있으면 빠짐없이 알려달라는 말을 덧붙였다.

몇 시간 지나지 않아 라인 형제 모두가 우리 집에 모였다. DC에서, 버지니아에서, 메릴랜드에서. 우리는 스물한 살짜리들이 할 수 있는 애도를 한 뒤 함께 취했다. 내면에서 느껴지는 비극을 대신할 만큼의 사랑이 넘쳐났다.

그 주를 기점으로 삶을 바라보는 관점이 송두리째 바뀌었다. 나는 당시 지부 회장이었으므로 케니를 애도하는 일 대부분을 처리하게 됐다. 일단 학교에서 추모식을 열었다. 학생이 사망한 건 몇 년 만에 있는 일이었다. 더구나 케니는 많은 사랑을 받던 친구였다. 우리는 케니 고향에서도 추모식을 열었다. 사교클럽의 형제가 사망하면 그런 의식을 치러야 했다. 이렇게나 이른 죽음은 다수의 형제가 처음 겪어보는 일이었다.

케니가 죽고 일주일 동안은 모든 게 슬로모션처럼 천천히 흘러가는 듯했다. 그러다 마침내 최후의 순간이 찾아왔다. 장례식은 모두에게 힘든 순간이었다. 이제 정말 끝이었다. 그러나 여전히 케니를 놓아줄 수 없었다. 나는 형제들을 대표해 추모객 천여 명이 모인 교회 강단에서 추도사를 전하게 됐다. 이 세상에 기적이란 게 있다면 틀림없이 비극도 있기 마련이라는 말을 했던 기억이 난다.

우리는 어떻게 기적이 일어났는지 자주 이야기한다. 말도 안 되게 일이 술술 풀렸다고 말이다. 그러나 그 반대 상황과, 그로 인해 우리에게 남겨지는 상처에 대해서는 잘 이야기하지 않는다. 이제 떠나고 없는 사람에 대한 기억들과 그에게 전하지 못해 후회되는 것들에 대해서는 말을 아낀다.

라인 형제들, 특히 퀴어인 형제들은 케니에게 하지 못한 말을 떠올리며 괴로워했다. 케니에게 진실을 털어놓지 못했다고 생각해서였다. 그들은 나와 케니가 그런 대화를 충분히 나눴다는 것을 미처 몰랐다. 케니는 우리 모두의 진실을 하나하나 가슴에 품고서 땅에 묻혔다.

앞선 여름 케니와 함께 쇼핑몰에 가던 길이었다. 갑자기 케니가 라인 형제 하나하나에 대해 캐물었다. 그러니까, 자기가 생각하기에 스트레이트가 아닌 것처럼 보이는 애들에 대해서. "조지, 너 게이지?" 나는 그 질문에 평소처럼 반응하지 않았다. 어쩐지 케니라면 진실을 말해도 괜찮겠다는 확신이 들었다. 나는 숨을 깊이 들이마신 뒤 대답했다. "응."

그 무렵 이미 나는 게이로 정체화한 라인 형제들에게 커밍아웃한 상태였다. 나의 커밍아웃은 서서히 일어났다. 가장 먼저 고백한 형제는 디메트리우스였다. 하루는 그 애 아파트에서 노는데 그 애가 먼저 내게 보여줄 게 있다고 했다. DC에 사는 자기 남자친구 사진과 그가 보낸 카드였다. 나와 절친한 사이였던 디메트리우스는 내게 비밀을 털어놓아도 안전할 거라고 느꼈던 거다.

나는 디메트리우스를 바라보며 실은 나도 게이라고 고백했다. 아주 뜻깊은 순간이었다. 드디어 공식적으로 게이 친구가 생긴 것이다. 이전에도 게이 친구들이 있기는 했으나 서로 그런 이야기를 터놓은 적은 없었다. 캠퍼스에서는 안전을 위해 일부러 거리를 두었다. 그런데 이제는 그냥 친구도 아니고 평생을 함께할 라인 형제가 내가 게이란 것을 안다니? 진짜 집을 발견한 기분이었다.

디메트리우스는 게이 커뮤니티에 대해 알려줬다. 그리고 라인 형제 중에 게이인 친구들이 누구인지도 귀띔해주었다. 나는 그 애들을 만나 진실을 털어놨다. 그런 식으로 나름의 연습을 했던 터라 케니에게 진실을 고백하는 게 한결 수월했는지도 모른다. 물론 어색했다. 이성애자인 라인 형제들에게는 나의 섹슈얼리티에 대해 이야기한 적이 없었기 때문이다. 정확히는 이성애자인 사람 누구에게도 그런 적이 없었다.

케니가 나를 보며 대꾸했다. "괜찮아."

나는 놀라서 케니를 쳐다봤다. "진짜 괜찮아?"

케니는 크게 웃음을 터트렸다. "야, 뭔 상관이야. 너는 내 형제고 나는 언제나 네 편인데." 나는 〈엘런 쇼〉처럼 공개적인 자리에서 하는 커밍아웃이나, 게이인 라인 형제들의 경험담을 통해 커밍아웃 호러 스토리를 들어도 봤고 두 눈으로 목격도 해본 터였다.

그날 우리는 서로 비밀을 지키자고 굳게 약속한 다음 라인에서 떠도는 온갖 소문을 공유했다. 그러니까, 누가 게이고 아닌지에 대해. 당시 나는 '아웃팅'이란 개념을 정확히 몰랐다. 지금 생각하면 해서는 안 될 행동이었다. 남 일에 함부로 말을 얹어서는 안 됐다. 그랬다가 위험한 결과를 낳을 수도 있으니까. 하지만 그 순간의 나는 서로에게 솔직해지는 것을 더 중요하게 생각했던지라 형편없는 선택을 내리고야 말았다. 누구보다 아웃팅을 두려워하던 사람이 나였음에도.

사회는 케니 같은 사람이 나라는 존재를 용인할 일은 없다고 끊임없이 이야기한다. 그날 케니와의 대화는 내가 그런 사람에게 진짜 내 모습을 드러낸 최초의 경험이었다. 내가 두려워할 수밖에 없었던 종류의 사람이 내 정체성을 용인했다. 당시 케니는 고작 열아홉 살이었다. 그 시절 그 나이에 가난한 흑인 동네 출신이 나의 섹슈얼리티에 어떤 문제도 제기하지 않는다니? 그건 기적이었다.

그런데 그 기적의 끝은 비극이었다. 그날 추도사를 겨우 마치고 나자 감정 소모로 진이 다 빠져버렸다. 나는 사교클럽 기도문을 외우다 말고 애도 중인 라인 형제들 옆으로 가 앉았다. 장례식을 마친 우리는 함께 묘지로 향했다. 이제 정말 작별할 때였다. 케니 부모님은 우리에게 관 운구를 부탁했다. 라인 형제가 총 여덟 명이었으니 꼭 우주가 그러기를 바랐던 것도 같다.

우리는 번호 순서대로 관 옆에 섰다. 라인 에이스의 호령과 함께 케니의 관을 들고 걷기 시작했다. 우리가 관을 내려놓자 목사가 마지막 기도를 올렸다. "재는 재로, 먼지는 먼지로." 이후로는 멍해져서 기도가 귀에 들어오지 않았다. 다들 그랬던 것 같다. 우리는 아직 어렸고, 혼자서든 함께든 이런 상실을 경험한적이 없었다. 어느새 우리는 서로 팔을 붙들고 서 있었다. 무너지지 않기 위해 우리가 할 수 있는 유일한 방법이었다.

땅속으로 내려가던 케니의 관이 기억난다. 나는 우두커니 서 있었다. 사람들이 하나둘 자리를 떴지만 나는 떠나고 싶지 않았다. 이게 우리의 마지막 추억이란 걸 인정하고 싶지 않았다. 모두 꿈이었으면 싶었다. 그래서 땅속에 묻힌 케니의 관을 멀뚱히 쳐다만 보았다. 결국 친구 하나가 내 곁에 다가와 말했다. "괜찮아, 조지. 이제 놓아주자."

오후 늦게 차를 타고 돌아가기 전까지 우리는 케니 가족 곁을 지켰다. 돌아가는 차 안은 고요했다. 다들 진이 빠진 채로 떠난 친구와의 추억을 떠올렸다. 온 세상이 애도하는 우리를 지켜보는 기분이었다. 기댈 것은 옆에 있는 친구뿐이었다. 버지니아로 돌아온 우리는 정말로 서로에게 의지하며 살아갔다.

죽음은 남은 사람들을 하나로 묶어준다. 케니의 죽음은 견디기 힘든 고통이었다. 그런데, 흑인 커뮤니티가 트라우마를 대할 때 으레 그렇듯, 그 슬픔에는 과정이란 게 없었다. 치료도, 치유도 없었다. 우리는 바로 학교에 돌아가 비극이 일어난 적 없었던 것처럼 일상을 시작해야 했다.

하루는 선배 하나가 힘들어하는 우리를 불러 모아 이 말을 평생 기억하라고 했다. "죽음은 절대 극복할 수 없어. 그냥 서서히 익숙해질 뿐이지."

10년이 넘은 지금도 그 말을 되새기며 산다. 그리고 죽음에 대해 자주 생각했다. 나에게 그날의 죽음은 단순히 케니가 떠난 것 이상이었다. 그날 내 안에서도 뭔가가 죽었다. 우리를 무조건적으로 사랑해주던 누군가를 잃었을 때 우리는 그런 죽음을 경험한다. 육체가 이 지구를 떠나는 것만이 죽음이 아니다.

흑인 퀴어로 살며 나는 죽음을 수백 번 경험했다. 아마 물리적 죽음이 찾아오기 전에 수백 번이고 더 죽게 될 것이다. 죽음이 준 교훈이란 게 있다면, 그 후에 새 삶이 찾아오더라는 것이다. 생각과 과정과 삶이 다시 태어나게 된다.

내가 매슈 존슨이었을 때의 나날들과 사람들에게 그 아이가 어떤 존재였는지를 기억한다. 매슈의 죽음은 천천히, 그러나 꾸준히 진행됐다. 조지가 탄생하기 위해 매슈는 죽어야만 했다.

나의 정체성에 대한 온갖 고정관념 역시, 내 힘으로 생존하기 위해 반드시 죽어야만 했다. 내가 '조지'로, 또는 '매슈'로, 아니면 'MJ'로 존재하느냐는 더 이상 중요하지 않았다. 남들이 날 무엇이라 부르고 내가 나를 어떻게 정체화하든 상관없다는 걸 깨닫는 게 중요했다. 나는 자신의 진짜 모습대로 살 수 없어 '천천히 죽어가는' 사람들을 숱하게 봤다.

케니를 땅에 묻은 날, 시간이야 충분하다는 나의 믿음도 함께 땅에 묻혔다. 분명 케니도 자신에게 남은 시간이 충분하다고 믿었을 것이다. 시간과 죽음은 우리 생각보다 훨씬 더 밀접하게 묶여 있다.

그날 나는 케니에게 전화를 걸었어야 했다. 그때는 살아 있었을 테니까. 설령 연락이 닿지 않았거나 나쁜 소식을 전해 들었을지라도, 전화를 걸었어야 했다. 살아오면서 내가 미룬 '기회'를 생각할 때마다 그 기회가 영영 돌아오지 않기도 한다는 깨달음을 얻는다. 시간은 아무도 기다려주지 않는다. 특히 흑인 퀴어에게는 얼마 없는 시간마저 뺏으려는 존재가 너무나도 많다. 그러니 지금 우리의 삶을 살자.

나가며

모든 소년이 파랗지는 않다

나는 케니가 죽고 다섯 달 후에 대학을 졸업했다. 인생 최고의 순간이었다. 온 가족이 버지니아로 왔다. 모두가 내 졸업식을 보려고 모였다. 이모들부터 삼촌들, 이모할머니들, 그리고 양가 할머니까지 모두 입이 귀에 걸려 나를 지켜보았다.

가족과 집으로 돌아가는 길, 엄마와 트럭 뒷좌석에 나란히 앉았다. 엄마가 내 머리를 자기 어깨에 눕히며 이렇게 말했다. "자랑스럽다." 나는 자세를 고쳐 앉지 않고 그대로 있었다. 엄마와 엄마 아들의 모습으로. 자주 걱정을 끼쳤던 아들. 엄마가 가진 모든 것을 동원해 지키려 했던 어린 소년. 이제는 어엿하게 어른이 되어가는 아이.

나의 대학 졸업은 나뿐 아니라 온 가족에게 경사였다. 수줍음 많고 여성적이던 꼬마가 어른이 되기까지의 과정을 지켜본 모든 이가 축하할 일이었다. 모두가 힘을 모아 길러낸 나란 존재를 통해, 가족은 자신들이 미처 이루지 못한 희망과 꿈을 기념했

248

다. 나의 대학 학위는 우리 가족 모두가 이뤄낸 것이었다.

스물한 살의 나는 남자와 사랑에 빠지는 것이 어떤 기분인지 알았다. 세상에서 가장 아픈 상실도 겪어봤다. 즐거움과 고통을, 승리와 트라우마를 경험했다. 무엇보다, 나는 내 앞길에 넘어설 장애물과 무너뜨려야 할 장벽이 많으리라는 것을 잘 알았다. 지금껏 충만한 삶을 살았으나 앞으로도 살아낼 삶이 많았다.

젊은 시절 회고록을 쓴다는 게 쉬운 작업은 아니었다. 전에는 이런 게 가능한지도 몰랐다. 처음에는 고작 서른세 살밖에 되지 않았으면서 '회고록'을 쓰는 게 자아도취처럼 보이지 않을까 걱정이 앞섰다. 그러나 이 책의 유산이 나를 위한 게 아니라고 생각하니 그런 우려를 말끔히 걷어낼 수 있었다. 이 책은 바로 당신을 위한 책이다.

어린 시절 내게는 내가 겪는 일들을 이해하기 위해 읽을 만한 책이 없었다. 우러러보거나 모방할 영웅도, 아이콘도 없었다. 방향을 알려줄 로드맵도, 가이드라인도 없었다. 나의 원래 목표는 지금도 그때와 크게 다르지 않은 상황을 바로잡는 것이었다.

이 책에서 나는 자주 이야기된 적 없는 흑인 가족 역동성에 관해 말했고, 퀴어를 긍정하지만 여전히 배우고 탐색 중인 가족의 이야기를 여럿 꺼내 보였다. 또 내 과거 속 가장 깊고 어두운 일들을 고백했다. 내 글에서 누군가는 자기 모습을 발견하고 자신이 혼자가 아니며 나처럼 성장하고 잘 살 수 있다는 걸 깨닫기를, 독자들은 내가 저지른 실수를 비껴가기를 바라는 마음에서였다.

무엇보다, 이 책을 쓰면서 나 역시 깨달은 것처럼, 모든 일에 해법이 존재하지는 않는다는 것을 많은 이에게 알리고 싶었다. 어떤 건 그냥 그대로 끝이 나기도 한다. 또 어떤 과정은 끝없이 진행형으로 계속된다. 다섯 살의 나는 열다섯 살의 나와 달랐고, 열다섯 살의 나는 스물다섯 살의 나와 달랐으며, 미래의 나는 또 다를 것이다. 꼭 모든 것에 정답을 내릴 필요는 없다.

그러나 내게는 나의 이야기가 존재한다. 지금껏 들려준 이야기가 그것이다. 그러니 우리는 이제 시작이다.

자주 하는 말이지만, 지금 이 퀴어 커뮤니티에는 청사진을 그릴 기회가 주어졌다. 우리는 우리 다음 세대를 위한 자리를 준비해야 한다. 강요받는 규범을 순순히 따를 필요는 없다. 시도해보고 맞지 않는다면 새로운 것을 만들어야 한다.

내가 '파랗지' 않다고 말할 때의 파랑은 전통적으로 남자아이를 대표하는 색깔보다 훨씬 더 많은 의미를 담고 있다. 내가 파랗지 않은 것은, 아빠가 입던 경찰 제복의 파랑이 아니라는 의미다. 나는 파란 제복을 입은 경찰이 흑인과 갈색 피부 사람들을 해치는 걸 숱하게 목격했다. 물론 온 마음을 다해 아빠를 존경하지만, 우리를 공격하는 경찰에 맞서 싸우는 것은 나의 책임이기도 하다.

내가 파랗지 않다는 것은, 영화 〈문라이트Moonlight〉를 처음 보았을 때 소년 치론이 나처럼 다르다는 이유로 다른 소년들에게 쫓기는 장면을 보고 가슴이 뛰던 순간을 가리킨다.

무엇보다, 이 모든 것이 어떻게 끝나든 후회가 없다는 걸 의미한다. 이 책이 베스트셀러가 되건 아니면 쪽박을 차건, 단 한 사람이라도 이 이야기를 읽고 도움을 받는다면, 그것만으로 충분하다.

사촌들.
위에서부터 릭 포르테, 리틀 럴, 일라이자 카트라이트, 버나드 반스,
조지, 개릿 존슨, 라술

감사의 말

이 책을 쓰기까지 33년 세월 동안 감사해야 할 사람이 너무나 많다. 여기 적어봤다.

가장 친한 친구들(심지어 여러 명이나 된다), 프레스턴, 스톰, 로한, 벤에게 내 노력에 힘을 실어줘 고맙다고 말하고 싶다. 눈물을 닦아주고, 기댈 어깨를 내어주고, 일에 너무 매몰되지 않게 일깨워주고, 함께 놀아줘서 고맙다. 너희 존재와 우리 관계는 너희가 생각하는 것 이상으로 내게 소중하다.

2006년도 봄학기 알파 피 알파 프래터니티 감마 지부에 함께 입회한 나의 라인 형제들에게 형제애와 우정을 보여준 데 고맙다고 말하고 싶다. 언제 전화를 걸어도 받아줘서 고맙다. 책에서 많은 이야기를 했으니 여기서 더 말할 필요는 없을 것이다.

감마 지부 형제들에게도 특별히 감사 인사를 전한다. 이름을 다 나열할 수는 없으나 당신들과 쌓은 관계 하나하나가 소중하다. 겸손하고 단단한 사람이 될 수 있는 건 당신들 덕분이다.

나의 '팸'에게도 고맙다. 트레니스, 카리사, 마이라, 패트리스, 셰리, 다리우스, 알렉스. 모두 대학에서 만난 친구들이다. 너희의 응원을 받은 이 여정은 아름다웠다.

나의 '빌리지'에게도 감사를 전한다. 게이브, PJ, 디온테이스, 트위기, 레이날도, 칼립. 일하며 알게 되어 이제 가족이 된 흑인 퀴어 친구들이다. 나의 형제 한 명 한 명을 정말로 많이 사랑하고 있다.

대단한 친구이자 지지자가 되어준 앤드루, 조데인, 코리, 모리스, 제이에게 고맙다. 멋진 우정과 지원을 준 레이철과 어맨다에게도 고맙다.

최고의 글쓰기 파트너이자 친구가 되어준 하리에게 고맙다는 말을 전한다. 이 업계에 내가 들어올 수 있도록 밧줄을 건넨 브리트니 대니엘에게도 감사하다. 이 작업을 하는 동안 매일 함께해준 훌륭한 친구 메이슨에게도 고맙다. 나를 위해 많은 걸 해준 프레드에게도 고맙다. 정말로 모두에게 감사하다.

출판 에이전트 에릭 스미스에게 감사를 전한다. 덕분에 늘 하고 싶었던 이야기를 쓸 기회를 얻었다. FSG 가족들, 특히 엘리자베스 리, 몰리 엘리스, 메리 반 애킨, 헤일리 조즈위악, 케리 존슨에게 감사하다. 조이, 필요한 이야기가 말해지도록 기회를 만들어준 당신에게도 고마움을 전하고 싶다. 그리고 나의 편집자 그레이스에게도! 이 책을 만드는 과정은 실로 도전이었으나, 끝내 필요했던, 그리고 늘 쓰고 싶었던 책을 완성할 수 있었던 건 당신의 도움 덕분이었다. 멋진 표지를 만들어준 찰리 파머와 책을 디자인해준 캐시 곤잘러스에게도 고맙다.

　마지막으로 가족에게. 이 책에 모두 나와 있으니 여기서는 짧게만 적겠다. 나의 형제들, 토냐, G.G., 개릿, 조카 브리타니에게 고맙다. 이모 세라, 먼치, 크리스털, 오드리, 달린에게 고맙다. 엉클과 바비 삼촌에게 고맙다. 사촌 리틀 럴, 라술, 저스티스, 버나드, 저스틴, 릭, 코트니, 케네디에게 고맙다. 엄마 아빠, 그리고 할머니에게도 감사하다.

　마지막으로, 내니에게 감사를 전한다.

모든 소년이 파랗지는 않다

초판 1쇄 발행 2022년 12월 5일

지은이	조지 M. 존슨	이메일	moro@morobooks.com
옮긴이	송예슬	트위터	@morobooks
편집	조은혜	인스타그램	@morobooks
디자인	허귀남		
제작처	민언프린텍	ISBN 979-11-975597-6-1 03330	
펴낸이	조은혜		
펴낸곳	모로		
출판등록	제2020-000128호		
등록일자	2020년 11월 13일